JN298031

実務必携 金融検査事例集の解説

十六銀行 宇佐美豊／弁護士 川西拓人／弁護士 吉田桂公 著

一般社団法人 金融財政事情研究会

はしがき

　本書は金融庁が公表している「金融検査結果事例集（金融検査指摘事例集）」の中からここ数年の金融機関に係る検査の状況等を踏まえ、代表的な結果（指摘）事例を取り上げ、これら結果（指摘）事例から読み取れること、また、どういった対応が必要であったのか、実務的にはどうすべきであったかといった点について、関係法令等を含め解説したものです。

　そもそも、「金融検査結果事例集（金融検査指摘事例集）」は、平成16年に金融庁より公表された「金融改革プログラム」において、金融行政の透明性・予測可能性を更に向上させ、説明責任を全うする枠組みの整備の一環として、また、平成17年3月に公表された「地域密着型金融の機能強化の推進に関するアクションプログラム」において、金融機関の自己責任原則に基づく内部管理態勢の強化等を促すといった観点から、平成17年7月を第一回目として、以後毎年公表されています。

　各金融機関においては、「金融検査結果事例集（金融検査指摘事例集）」の事例を踏まえ、自金融機関の内部管理態勢の強化を促進するための施策に活用していることと思います。

　一方で、実務担当者からは「金融検査結果事例集（金融検査指摘事例集）」の結果（指摘）事例について、その活用を行う際に「指摘事例を踏まえて、どのような検討が必要なのか分からない」「これら事例に関係・関連する法令等がわかれば、もっと活用できるのに」「単に、自金融機関の担当部署ができている、できていないといったことではなく、より深度ある検証を行うのにはどうしたらいいのか」といった声をよく聞きます。

　また、『金融検査マニュアルに関する解説本は多くあるのに、「金融検査結果事例集（金融検査指摘事例集)」に関する解説本はない』といった声も聞きます。

　本書は、こうしたご意見等を踏まえ金融機関の実務に詳しい弁護士と実務家が過去の「金融検査結果事例集（金融検査指摘事例集）」から代表的かつ典

型的な結果（指摘）事例を取り上げ、関連する法令等やその対応策などをできる限り実務担当者の目線で解説いたしました。

　「金融検査結果事例集（金融検査指摘事例集）」の公表は先に述べたとおりいわゆる「ベターレギュレーション」「プリンシプルベース」に基づく金融行政の一環として行われているものです。

　それゆえ、各金融機関は自己責任原則に基づき、自らの金融機関の規模・特性を踏まえ、適切な管理態勢を構築していかなければなりません。

　その際に「金融検査結果事例集（金融検査指摘事例集）」に記載の事例を表面的にではなく、より深く理解すれば、更に高度化された管理態勢を築くことができるものと確信しております。

　本書がその一助として役立てていただけるのであれば、筆者一同この上ない喜びです。

　なお、本書の内容は筆者が現に所属する組織、過去に所属した組織の見解ではなく、あくまで個人的見解であり、内容に係る責任はすべて筆者一同が負うものであることをお断りしておきます。

　最後になりましたが、本書執筆にあたって、金融財政事情研究会出版部の田島正一郎氏、佐藤友紀氏、髙野雄樹氏に大変お世話になりました。この場を借りて、厚く御礼申し上げます。

2012年9月

筆者一同

[著者略歴]

宇佐美　豊（うさみ　ゆたか）
十六銀行コンプライアンス統括部・法務室長
1986年明治大学経営学部卒。同年東海銀行（現三菱東京UFJ銀行）入行、国内営業店勤務の後、融資第二部、融資管理部、資産監査部、業務監査部各調査役、UFJ銀行内部監査部調査役、三菱東京UFJ銀行監査部業務監査室上席調査役を経て2006年3月退職。同年4月十六銀行入行、リスク統括部、コンプライアンス統括部各主任調査役を経て2012年4月から現職。

川西　拓人（かわにし　たくと）
弁護士法人御堂筋法律事務所・弁護士
2002年京都大学法学部卒。2003年弁護士登録・弁護士法人御堂筋法律事務所入所、2008年金融庁検査局出向（金融証券検査官、専門検査官）、2010年から現職。

吉田　桂公（よしだ　よしひろ）
のぞみ総合法律事務所・弁護士
2003年東京大学法学部卒。2004年弁護士登録・のぞみ総合法律事務所入所、2006年日本銀行決済機構局出向（決済企画担当）、2007年金融庁検査局出向（金融証券検査官、専門検査官）、2009年から現職。

凡　例

＜金融検査結果事例集＞
平成23検査事務年度後期版　⇨　平成24年8月
平成23検査事務年度前期版　⇨　平成24年2月
平成22検査事務年度後期版　⇨　平成23年7月
平成22検査事務年度前期版　⇨　平成23年2月

＜金融検査指摘事例集＞
平成21検査事務年度　　　　　　　　⇨　平成22年7月
別冊1〔金融グループ管理態勢〕　　　　⇨　平成22年7月・別冊1
別冊2〔システムリスク管理態勢〕　　　⇨　平成22年7月・別冊2
別冊3〔外国銀行在日支店等〕　　　　　⇨　平成22年7月・別冊3
別冊4〔反社会的勢力に係る管理態勢〕　⇨　平成22年7月・別冊4
平成20検査事務年度　　　　　　　　⇨　平成21年7月
平成19検査事務年度　　　　　　　　⇨　平成20年7月
平成18検査事務年度　　　　　　　　⇨　平成19年7月
平成17検査事務年度　　　　　　　　⇨　平成18年7月
平成16検査事務年度　　　　　　　　⇨　平成17年7月

＜金融検査マニュアル（預金等受入金融機関に係る検査マニュアル）＞
経営管理（ガバナンス）態勢－基本的要素－の確認検査用チェックリスト
　　⇨　経営管理態勢チェックリスト
法令等遵守態勢の確認検査用チェックリスト
　　⇨　法令等遵守態勢チェックリスト
顧客保護等管理態勢の確認検査用チェックリスト
　　⇨　顧客保護等管理態勢チェックリスト
オペレーショナル・リスク管理態勢の確認検査用チェックリスト
　　⇨　オペレーショナル・リスク管理態勢チェックリスト

＜監督指針＞
主要行等向けの総合的な監督指針　　⇨　主要行監督指針
中小・地域金融機関向けの総合的な監督指針
　　　　　　　　　　　　　　　　⇨　中小監督指針
保険会社向けの総合的な監督指針　　⇨　保険監督指針
中小企業者等に対する金融の円滑化を図るための臨時措置に関する法律に基づく
　金融監督に関する指針　⇨　金融円滑化監督指針（平成21年12月）
中小企業者等に対する金融の円滑化を図るための臨時措置に関する法律に基づく
　金融監督に関する指針（コンサルティング機能の発揮にあたり金融機関が果た
　すべき具体的な役割）　⇨　金融円滑化監督指針（平成23年4月）

目　次

第1章　経営管理態勢

I　経営陣に関する指摘 ……………………………………………………… 2
- 経営計画未達の原因分析が不十分であることを指摘する事例 ………… 2
- 経営計画や戦略目標の実効性の確保に問題がある事例 ………………… 5

II　内部監査の問題点 ………………………………………………………… 9
- 内部監査におけるリスクベース・アプローチ …………………………… 9
- 内部監査結果の報告と共有 ………………………………………………… 12
- 内部監査指摘の改善及びフォローアップ ………………………………… 15
- 外部監査について …………………………………………………………… 19

第2章　法令等遵守態勢

I　コンプライアンス態勢 …………………………………………………… 24
- コンプライアンス上の問題事案に関する原因分析、対応が不十分な事例 …………………………………………………………………………… 24

II　リーガル・チェック等態勢 ……………………………………………… 29
- リーガル・チェック等の対象範囲や手続が不明確な状態にとどまっていることから、適切なリーガル・チェックが確保されていない事例 …… 29
- コンプライアンス・プログラムの進捗状況の検証が不十分な事例 …… 33

III　不祥事件防止態勢 ………………………………………………………… 37
- 1　銀行法上の不祥事件とは ………………………………………………… 37
- 2　不祥事件防止態勢に関する指摘事例の傾向 …………………………… 38
- 不祥事件発生時の対応が不適切であることを指摘する類型 …………… 39
- 不祥事件再発防止策の内容、策定プロセスに関する指摘 ……………… 43
- 不祥事件防止策の不徹底を指摘する事例 ………………………………… 46
- 不祥事件再発防止策のモニタリング、フォローアップが不十分であることを指摘する類型 …………………………………………………… 50

Ⅳ　反社会的勢力に係る管理態勢 ………………………………………… 53
1　金融機関における反社会的勢力排除の意義 ………………… 53
2　反社会的勢力対応に関する社会情勢の変化 ………………… 53
3　反社会的勢力のとらえ方 ………………………………………… 59
4　反社会的勢力対応に係る論点 …………………………………… 61
● 反社会的勢力データベースに関する指摘 ……………………… 61
● 反社会的勢力へのモニタリングに関する指摘 ………………… 65
● 反社会的勢力との取引解消に関する指摘 ……………………… 67

第3章　顧客保護等管理態勢

Ⅰ　顧客説明管理 ………………………………………………………………… 72
1　顧客説明における基本原則の概論 …………………………… 72
2　（狭義の）適合性原則 …………………………………………… 73
● 顧客の適合性の確認等が不十分である事例① ………………… 73
● 顧客の適合性の確認等が不十分である事例② ………………… 84
3　説明義務（広義の適合性原則）………………………………… 91
4　フォローアップ（アフターフォロー）………………………… 94
5　優越的地位の濫用 ………………………………………………… 100
6　融資取引 …………………………………………………………… 103

Ⅱ　顧客情報管理 ………………………………………………………………… 110
1　情報漏えい等の未然防止対応 …………………………………… 110
● アクセス権限の管理が不十分な事例 …………………………… 110
● 顧客情報の持出しの管理が不十分な事例 ……………………… 113
● 個人データ管理台帳に不備がある事例 ………………………… 116
2　情報漏えい等発生時の対応 ……………………………………… 120
● 個人情報漏えい事故を看過した事例 …………………………… 120
● 顧客情報管理の不備の原因分析等が不十分な事例 …………… 123

Ⅲ　顧客サポート ………………………………………………………………… 129
● 苦情の報告、進捗管理及び改善策への活用が不十分な事例 … 129

- ●相談・苦情等の原因分析・改善対応が不十分な事例……………………133
Ⅳ 外部委託先管理……………………………………………………………137
- ●外部委託先の顧客情報管理状況の把握が不十分であるとされた事例……137
- ●再委託先の管理………………………………………………………………144
- ●外部委託先の業務に関する相談・苦情等処理態勢の不備………………147
Ⅴ 利益相反管理………………………………………………………………150
  1 利益相反管理態勢の内容……………………………………………………150
  2 利益相反管理の対象取引……………………………………………………151
  3 利益相反取引の管理方法……………………………………………………152
- ●グループの利益相反管理が不十分であることを指摘する事例…………155
- ●利益相反に関するモニタリングの不備……………………………………158

第4章　金融グループ管理態勢

- ●金融持株会社のリスク管理部門が、グループ全体の信用集中リスク等の評価を行っていない事例…………………………………………………162
- ●子会社の経営計画等の検証が不十分である事例…………………………163
- ●金融グループにおける内部監査が不十分である事例……………………166
- ●グループにおける反社会的勢力対応が不十分である事例………………168
- ●グループにおける不祥事件対応が不十分である事例……………………169
- ●アームズ・レングス・ルールの検証が不十分である事例………………171

第5章　金融円滑化管理態勢

  1 金融円滑化法の期限延長……………………………………………………174
  2 金融円滑化法の概要…………………………………………………………174
  3 金融円滑化法と検査・監督…………………………………………………175
  4 金融円滑化法の最終期限延長と今後の検査・監督………………………178
- ●きめ細かな顧客の実態把握と適切な与信判断に関する指摘事例………180
- ●貸付条件変更案件の進捗管理が不十分な事例……………………………183
- ●顧客への説明が不適切な事例………………………………………………186

- ●コンサルティング機能の発揮……………………………………………………189
- ●非拘束預金の支払停止措置………………………………………………………192

第6章　外国銀行在日支店等

- ●在日代表者が、態勢上の弱点を把握するための内部監査の実施を、海外本部に対して要請していない事例……………………………………………200
- ●本邦銀行法への対応が不十分な事例……………………………………………202
- ●在日代表者が複数の拠点を統括管理していない事例…………………………204
- ●業務改善命令への対応が不十分な事例…………………………………………206
- ●マネー・ローンダリング防止態勢に不備が認められる事例…………………208

第7章　保険会社

Ⅰ　経営管理態勢……………………………………………………………………212
- ●経営方針の趣旨に沿わない施策が担当役員以下により実行されている事例……………………………………………………………………………212

Ⅱ　内部監査…………………………………………………………………………216
- ●代理店監査が不十分となっている事例…………………………………………216

Ⅲ　不祥事件等への対応……………………………………………………………219
- ●不祥事件届出漏れが認められる事例……………………………………………219

Ⅳ　保険募集の適切性………………………………………………………………224
- ●保険募集の委託・管理……………………………………………………………224

Ⅴ　苦情対応…………………………………………………………………………227
- ●苦情対応……………………………………………………………………………227

第 1 章

経営管理態勢

I 経営陣に関する指摘

■ 経営計画未達の原因分析が不十分であることを指摘する事例

＜平成24年2月、5～6頁＞
【業態等】
　地域銀行、中小規模
【検査結果】
　取締役会及び経営会議は、前期の中期経営計画（以下「前中計」という。）の収益計数が計画未達であるにもかかわらず、経営企画部門に対して、その未達の要因について、各施策の実効性を含めた分析を指示していないほか、前中計に係る策定プロセス及び進行管理の適切性等について、具体的な検証を行わないまま、今期の中期経営計画を策定している。
　また、経営企画部門は、営業統括部門が策定した営業推進方針の中に掲げられた各施策の実効性について、十分な進行管理や検証を行っていない。

▶参考事例
- 経営会議は、事業性貸出の残高について、中期経営計画の目標値に対する実績値の未達幅が拡大しているにもかかわらず、目標値を達成するための具体的な検討を行っていない（平成24年8月、7頁）。
- 各部門は中期経営計画と整合していない計数目標に基づき業務運営を行っており、取締役会はこうした事態を看過している。この結果、取締役会が、前中期経営計画の未達要因等について分析・検証を実施しておらず、

今次中期経営計画においても、住宅ローン残高等について根拠に乏しい戦略目標を定めている（平成23年7月、8頁）。

▶関連法令等
・経営管理態勢チェックリストⅠ．1②③、Ⅰ．2①(ⅱ)、Ⅰ．4 等
・中小監督指針Ⅱ－1－2(2)④、⑦ 等

解　説
1　経営計画の整備・周知とモニタリング

取締役会は、当該金融機関が目指す目標の達成に向けた経営方針を定め、それに沿って経営計画を整備し、組織内に周知する必要がある（経営管理態勢チェックリストⅠ．1②）。

かかる経営方針、経営計画の内容は、信用の維持、預金者等の保護及び金融の円滑化という金融機関の役割を踏まえた内容としなければならない（経営管理態勢チェックリストⅠ．1③）。

金融機関も営利企業である以上、収益獲得を経営目標とすることは当然であるが、一方で、金融機関は金融システムを通じ国民経済のインフラとしての機能を持ち、その業務には公共性が存する（銀行法1条）ことから、経営方針、経営計画の内容は、法令等遵守や顧客保護、リスク管理を軽視するようなものであってはならない。

また、取締役会は、経営方針や経営計画について、定期的に、又は必要に応じて随時、業務運営の状況及び金融機関が直面するリスクの状況の報告を受け、必要に応じて調査等を実施させた上で、その有効性・妥当性及びこれらに則った金融機関全体の態勢の実効性を検証し、適時に見直しを行わなければならない（経営管理態勢チェックリストⅠ．4）。

金融検査の経営管理態勢に関する指摘においては、経営計画未達の場合に、取締役会が状況を把握し、原因分析を行った上、経営計画の見直しや次回の経営計画策定に活かすといったプロセスが機能していない点を指摘する事例が数多くみられる。

具体的な取組手法は様々なあり方が考えられるが、経営計画を策定するに際しては、そのモニタリングの主体や頻度、方法について併せて決定しておくべきであろう。

また、次年度の経営計画を策定する際は、まずその第一歩として、前年度の経営計画の達成状況の把握とその原因分析を行う必要がある。かかる分析を行わずに漫然と前年度と同じ経営計画を策定しているような場合には、厳しい評価を受けるおそれがあろう。

2 本事例の問題点

本指摘事例は、取締役会及び経営会議が、前期の中期経営計画の収益計数が計画未達であるにもかかわらず、その要因分析を行わず、個別の施策について実効性を伴った見直しを行わないまま、新たな経営計画を策定した点を指摘したものである。

新経営計画の策定に当たっては、旧経営計画の達成状況の把握と原因分析はまず第一に行うべき事柄であり、これが十分できていなかった点については、経営管理態勢に基本的な問題があると評価されてもやむを得ない。

また、かかる経営計画は、当該金融機関における内部管理のための基本方針との整合性が確保されたものでなければならない。

銀行は、通常は会社法上の大会社かつ取締役会設置会社であり、内部統制システムに関する基本的事項の決定を取締役会で行う必要がある（会社法362条4項6号、5項）。一方、信用金庫、信用組合については、法律上内部統制システムに関する基本的事項を決定することが明示の義務とされていないものの、内部統制システムの構築は理事の善管注意義務の一環と考えられ、理事会においても、内部統制システムの基本的事項を決定し、これに従った態勢整備を行う必要がある。

かかる観点から、経営管理態勢チェックリスト（Ⅰ．1④）においても、取締役会が業務の健全性・適切性を確保するための態勢の整備に係る基本方針（内部管理基本方針）を定め、組織内に周知させているか、との着眼点が設けられている。

実務対応

　まず経営の基本的な方針を経営陣が再認識し、経営計画策定時にそのフォローをどのタイミングで実施するのか、どの部署がそのフォローを行うのか（当然のことながら、経営計画を策定した部門、いわゆる企画部門であろうが）を計画の承認段階で併せて決定しておくことが有効であろう。また、その経営計画に係る内部監査部門による監査の実施についても併せて内部監査部門に監査計画を策定させておくことが望ましい。

　その結果として、経営計画をフォローすべき部門は内部監査を意識せざるを得ない状況になり、相応の牽制機能が働くこととなる。

　なお、新たに実施する内部監査がその規模からいって困難ということであれば、例えば、内部統制に係る監査時に経営計画の進捗に係る監査も併せて実施すれば、定期的に監査を実施するといったことも担保できるのではないか。

　いずれにせよ、金融機関内における経営計画に対する役割分担、つまり内部牽制機能を明確にし、経営陣においては、「達成されている」項目に着目するのではなく、「達成されていない」項目に着目することが重要となってくる。

■ 経営計画や戦略目標の実効性の確保に問題がある事例

＜平成24年8月、9～10頁＞
【業態等】
　信用金庫及び信用組合、中規模
【検査結果】
　理事会は、中期経営計画を策定し、重要課題として、収益力の強化を掲げ、貸出金の増強を基本に非金利収入の拡大、効率的な余資運用、適正金利の確保、不良債権の回収強化を図ることとしている。

こうした中、理事会は、当該計画において、収益力の強化を重要課題としているにもかかわらず、貸出金残高の確保を中心とした課題を設定するにとどまり、金庫全体や営業店別の収益目標を設定していない。

　また、理事会は、単年度の経営計画において預貸金目標を毎年度下方修正している状況にありながら、所管部署に対して、目標未達の原因分析を指示しておらず、取組結果の総括や問題点の洗出しを行っていない。

▶参考事例
● 取締役会及び経営会議が設置した戦略会議において、融資戦略に係る重要事項を協議・決定させるとしながら、戦略会議においては、信用リスク状況の把握などのリスク管理に係る議論が中心となっており、融資戦略面の議論はほとんど行われていない（平成24年2月、7頁）。
● 経営計画の策定について、…理事会が金庫全体の経営戦略や収益目標を定めていないことや、各部門の連携が図られていないことから、営業推進部門が作成する営業推進策とリスク管理部門が作成する全体の収益目標が整合しておらず、二つの異なる目標数値を営業店に周知している事例（平成21年7月、6～7頁）。

▶関連法令等
　・経営管理態勢チェックリストⅠ．1⑤、⑦
　・中小監督指針Ⅱ－1－2(2)④、⑦　等

解　説

1　経営方針、戦略目標、リスク管理方針等

　経営管理態勢チェックリストにおいては、
・取締役会は、経営方針に則り、代表取締役等に委任することなく、当該金融機関全体の収益目標及びそれに向けたリスクテイクや人的・物的資源配

分の戦略等を定めた、当該金融機関全体の戦略目標を明確に定めているか、また、取締役会は、金融機関全体の戦略目標を踏まえた各業務分野の戦略目標を明確に定め、全体の戦略目標とともに組織内に周知させているか、とのチェック項目が設けられている（Ⅰ．1⑤）。

　金融機関における戦略目標は、経営方針と整合性、一貫性を保って定められる必要があり、また、統合的リスク管理方針及び各リスク管理方針についても、戦略目標との整合性・一貫性を確認した上策定される必要がある（経営管理態勢チェックリストⅠ．1⑦）。

　戦略目標の策定に当たっては、金融機関全体としての方針等を踏まえた上、各業務分野ごとに具体的な戦略目標が定められる必要があり、少なくとも具体的な目標となる数値、達成のスケジュール、責任部署、達成状況のモニタリング方法は明確に定めておく必要があろう。

　そして、代表取締役においては、経営方針、経営計画、戦略目標等が定まれば、それに沿った適切な人的・物的資源の配分を行い、かつそれらの状況を機動的に管理することが求められている（経営管理態勢チェックリストⅠ．2①(ⅲ)）。

2　本事例の問題点

　本事例は、中期経営計画において、貸出金増強、非金利収入の拡大、効率的な資金運用等による収益力の強化を重要課題としながら、理事会が、金庫全体や営業店別の収益目標を設定していない点を指摘するものである。

　かかる状況では、経営計画に基づく戦略目標が具体的に定められていないことから、それに沿った適切な人的・物的資源の配分を行うことも困難となり、中期経営計画が「絵に描いた餅」となりかねない。

　参考事例の二つ目に挙げた事例は、理事会が金庫全体の経営戦略や収益目標を定めていないことから、営業推進部門とリスク管理部門の収益目標が整合せず、営業店が二つの異なる目標数値を周知されている事例である。

　理事会が期待されたリーダーシップを発揮できていないことから、営業店に混乱が生じており、経営管理態勢に問題がある状況といえる。また、本件

のように営業推進部門が収益目標を設定し、経営陣としてのコントロールが及んでいない場合には、顧客保護や法令等遵守が軽視される可能性もあり、特に注意を要する。

> **実務対応**
>
> 　目標設定を行うことはいわゆる「ゴール」を明確化するという点で大変重要になってくる。しかし、その目標がいわゆる根拠のないものだとしたら、その「ゴール」到達のための具体的施策は大変難しいものになってくる。なぜなら、「ゴール」そのものが「ゴール」ではないという可能性があるからだ。
>
> 　つまり、ここでいえば、「ゴール」にたどり着くための具体的な方策が本部レベルだけでなく、営業店レベルまで具体的にイメージできるように周知することが重要であろう。
>
> 　言い換えれば、「ゴール」に到達するためには、具体的にどこにどれだけの資源配分が必要なのか、当初予想と実際の達成状況との間で乖離はないのか、といった点を常に検討していく必要がある。
>
> 　具体的には、こうしたモニタリング部署を最初の段階で定め、乖離等の悪い情報を常に経営陣に報告する態勢とするとともに、必要であれば追加予算、追加措置（具体的には外部委託や「ゴール」そのものの見直し等）を適時適切に実施していくことが重要である。
>
> 　そういった措置をとらなければ、いわゆる「気合と根性」といった精神論が優先してしまい、法令等遵守に違反し、結果的には目的のためには手段を選ばずといったこととなり、不正等につながりかねない。
>
> 　また、経営陣は常に現場の声に耳を傾け、修正することをおそれないことも必要である。
>
> 　この点でも、内部監査をより有効に活用すること、内部監査部門の担当役員がこうした点も監査の対象とするように指示を行うことが、このような指摘へ応えることとなるのではないか。

Ⅱ 内部監査の問題点

■ 内部監査におけるリスクベース・アプローチ

＜平成23年2月、13頁＞
（規模・特性等）
　地域銀行、中小規模
【検査結果】
　監査部門は、監査方針において、リスク・アセスメントに基づく監査周期の短縮や事務監査からプロセス監査への脱却等を掲げているが、以下のような問題点が認められる。
・営業店監査については、リスクアセスメントを実施しているものの、監査は全店一律の監査項目によるものとなってしまっており、リスクアセスメントの結果が、監査項目や監査周期の設定等において活用されていない。また、本部監査についてはリスク・アセスメント自体が行われていない。
・監査部門は、管理態勢の整備など、改善されるまでに相応の期間を要する指摘事項について、被監査部署におけるその後の改善状況を確認していないなど、内部監査指摘事項の継続的なフォローアップが行われていない。

▶参考事例
●内部監査部門は、「リスクアセスメント実施手順書」を策定し、営業店等に対して固有リスク等の項目についての評価を行っているものの、当該手順書には、横領等の不祥事件を踏まえて評価するよう定めておらず、横領等が発覚した営業店のリスクアセスメントにおいて、不祥事件を踏まえた

評価を行っていない（平成24年8月、17～18頁）。
● 取締役会は、業容が急拡大し、当行全体のリスクが多様化している状況であるにもかかわらず、内部監査部門に対する人員配置による体制の強化を図っておらず、同部門のリスクアセスメント手法による監査は、不十分なものとなっている（平成24年2月、13～14頁）。

▶関連法令等
・経営管理態勢チェックリストⅡ．1(2)③、Ⅱ．2③(i)
・中小監督指針Ⅱ－1－2(2)⑨、(5)等

解　説

1　内部監査におけるリスクベース・アプローチ

(1) 金融検査マニュアルのチェック項目

　経営管理態勢チェックリストにおいては、取締役会が、被監査部門におけるリスク管理の状況等を把握した上、頻度及び深度に配慮した効率的かつ実効性のある内部監査計画を内部監査部門等に策定させているか、とのチェック項目が設けられている。また、内部監査計画においては、子会社の業務についても必要に応じて内部監査の対象とし、内部監査の対象とできない子会社の業務や外部委託先の業務については、当該業務の所管部による管理状況を監査の対象とすることが必要となる（経営管理態勢チェックリストⅡ．1(2)③）。

　内部監査の実施に関しても、内部監査部門が、各被監査部門等に対し、頻度及び深度等に配慮した効率的かつ実効性ある内部監査（例えば抜き打ちとするなど）を実施しているか、とのチェック項目が設けられている（経営管理態勢チェックリストⅡ．2③(i)）。

(2) 内部監査計画策定に関するリスクベース・アプローチ

　内部監査計画の策定に当たっては、各業務部門におけるリスクの状況、程度を把握し、内部監査における優先順位付けを行うことが必要となる。

　優先順位付けに当たっては、「問題が発生した場合に経営に及ぼす影響度」

と、「問題が発生する可能性」を勘案する必要がある（リスクベース・アプローチ）[1]。

　リスクベース・アプローチのもとで、各金融機関が内部監査において優先的に取り組むべき事項は実情に応じて様々であるが、一般論としていえば、行政処分で改善を求められた事項、前回金融検査の指摘事項は、当局から直接メッセージが発せられた事項として、相対的に優先度は高い。

　また、その他のリスクの洗い出しの方法や考慮要素として以下のようなものが考えられ、これらを総合的に考慮して、内部監査計画を立案することとなる。

① 内部監査部門の各部門の会議への出席や資料閲覧等によるオフサイトモニタリング結果
② 各部門が自身で行ったリスクアセスメント結果
③ 前回の内部監査結果、監査役監査結果、外部監査結果
④ 類型的に問題が発生しやすい場面の特定
　例えば、法令等の変更により業務方法やリスクが変化する場面や、新規業務開始の場面等が考えられる。
⑤ 苦情・問題事象の把握・分析
⑥ 他社事案やマスコミ報道等
　社会的な耳目を集める事件や社会情勢の変動がないか。
　近時では、大規模な顧客情報漏えい事案、金融機関職員によるインサイダー取引、インターネット取引における不正送金事案等の報道や反社会的勢力排除に対する社会的要請等が一例である。
⑦ 当局の関心事項
　監督指針、検査マニュアルの改定や検査・監督の基本方針

2　本事例の問題点

　本事例は、営業店におけるリスクアセスメントを行っているものの、内部

---

[1] 金融検査マニュアル【はじめに】脚注2を参照。

監査が全店一律の監査項目となり、リスクアセスメント結果が活用されていない点と、本部監査についてはリスクアセスメント自体が行われていない点を指摘するものである。

　内部監査計画の策定におけるリスクベース・アプローチの考慮要素としては、リスクアセスメント結果以外にも、上記1(2)記載のような要素が考えられるが、重要となるのは、どの考慮要素をどのように検討し、内部監査計画の策定に至ったのかを合理的に説明できることであろう。

実務対応

　内部監査部門におけるリスクアセスメントは古くて新しい問題である。リスクアセスメントの手法については、ある程度定着してきた感はあるが、それをどのように活用するのかといった点はまだ十分理解されていないようである。

　また、リスクの考え方が内部監査部門において十分整理されていないこともあり、こうしたことがこれら指摘につながっているのであろう。

　では、どうすればいいのか。

　現在、各金融機関においては内部監査の企画機能の充実を図っているところであろう。具体的には、内部監査の企画部門の担当者に会計監査人と同レベルまでのリスク認識を持てるようにスキルの向上をさせるべきであろう。スキル向上のために必要な投資を行うとともに、長期スパンの人材育成計画を策定し、真にリスクアセスメントを理解した上で、各種内部監査を実施する態勢を構築していく必要がある。

■ 内部監査結果の報告と共有

＜平成21年7月、10頁＞
　担当取締役及び内部監査部門長は、監査結果の取りまとめに係る進

捗管理が不十分なことから、一部の監査結果に関し、内部監査規程に反し、内部監査部門が、監査結果を頭取に報告していないうえ、被監査部門への通知を行っていないことを看過している。〔地域銀行〕

▶参考事例
● 在日代表者は、内部監査部門からの報告により、監査が未実施となっている部署を把握しているにもかかわらず、同部門に対して、監査業務計画書に沿った業務を遂行するよう指示しておらず、また、業務遂行に必要な人員の配置も行っていない（平成24年8月、16頁）。
● 損失を伴う事務事故の発生を受けて、在日支店監査人が「オペレーショナル・リスクは高い」と評価して本店等に報告しているにもかかわらず、海外本部は、翌期以降の監査において当該リスクを監査対象項目に選定していない。また、在日支店監査人も海外本部に対して、当該リスクを監査対象項目とすることを要求していない（平成22年7月、7頁）。

▶関連法令等
・経営管理態勢チェックリストⅡ．1．(2)④(ix)、Ⅱ．2③(iii)(iv)(v)
・中小監督指針Ⅱ－1－2(1)④、同(2)⑨、同(5)等

解　説

1　内部監査結果の報告と共有

経営管理態勢チェックリストにおいては、内部監査部門が、内部監査で実施した手続や把握した問題点等を記録し、遅滞なく、内部監査で発見・指摘した問題点等を正確に反映した内部監査報告書を作成しているか（経営管理態勢チェックリストⅡ．2③(iii)）、また、内部監査部門長が、内部監査報告書の内容を分析の上、遅滞なく取締役会に提出・報告し、特に経営に重大な影響を与えると認められる問題点や顧客の利益が著しく阻害される問題点については、速やかに取締役会に報告しているか（経営管理態勢チェックリストⅡ．2③(iv)）、とのチェック項目が設けられている。

さらに、内部監査部門が内部監査の過程で法令違反行為やそのおそれのある行為を認識した場合には、速やかにコンプライアンス統括部門に報告することも求められる（経営管理態勢チェックリストⅡ．2③(v)）。

内部監査結果の報告と共有が適切に行われない場合、内部監査は実効性を失い、金融機関におけるPDCAサイクルの"Check""Act"の過程が機能しない事態となりかねないため、金融検査マニュアルにおいては、内部監査結果の報告を受ける主体を「取締役会等」ではなく「取締役会」に限定し、また、取締役会の役割としても、内部監査結果を適示適切に報告させる態勢の整備を挙げている（経営管理態勢チェックリストⅡ．1．(2)④(ix)）。

2　本事例の問題点

本事例では、内部監査結果の取りまとめの進捗管理が不十分であったことから、一部の監査結果に関し、内部監査部門が監査結果を頭取に報告せず、被監査部門への通知も行われていなかった。

内部監査結果の取りまとめの進捗管理が不十分であったことが原因とされていることから、一部の内部監査結果につき監査結果報告書の作成等が遅滞し、結果としてそのまま長期にわたり報告や通知が行われなかった点を指摘した事例と推察される。

本事例の問題は、監査結果が経営陣に報告されなかったのみならず、被監査部門への通知も行われていなかった点にある。

いうまでもないが、内部監査は、問題事象の発見を主目的に行われるのではなく、監査を契機に態勢を改善することに、より大きな意義を有する。金融検査マニュアルにおいても、内部監査部門は、内部監査の実施のみならず、被監査部門の改善状況の確認や、監査計画への反映までがその責務とされている（経営管理態勢チェックリストⅡ．2．④）。

また、参考事例の二つ目は、外国銀行支店において、在日支店監査人の報告が翌期の監査対象項目の選定に活かされていない事例である。

在日支店監査人の報告のあり方に問題があるのか、海外本部の監査対象項目の選定過程に問題があるのかは必ずしも明らかでないが、本事例において

も、監査結果の報告と共有のプロセスに問題が生じていることが伺われる。
　なお、本事例では、在日支店監査人が、海外本部に対して能動的な働きかけを行っていない点が指摘されていることにも注意を要する。内部監査部門としては、報告した内部監査結果が、その後の業務遂行に適切に反映されているかについても、把握しておく必要があろう。

> **実務対応**
>
> 　本来、内部監査はだれのために、何のために行っているのか。自金融機関、経営陣、職員、いずれにせよ、自金融機関内の業務の改善に資する提言を行うことによって、より良い方向に向かうことを目指しているはずである。
> 　「被監査部門を評価してやろう」「いじめてやろう」といったことではないはずである。
> 　また、こうした監査に係る報告が不十分であるということは、どこかに「監査なんてある程度でいいだろう」といった意識が内部監査部門にもあったのではないだろうか。
> 　こうしたことを防ぐ意味でも、以下のような仕組みの構築をおすすめしたい。
> ・内部監査部門内における検査・監査機能
> ・監査役等による内部監査部門のレビュー
> 　内部監査部門はどこからも監査を受けないので、より厳格にルール、原則を遵守する必要がある。

■ 内部監査指摘の改善及びフォローアップ

＜平成24年2月、14頁＞
【業態等】

信用金庫及び信用組合、中規模

【検査結果】

　理事会は、内部監査部門から不祥事件再発防止策の実施状況に係るフォローアップ監査の結果報告を受け、その取組を評価することとしている。

　しかしながら、理事会は、<u>不祥事件再発防止策の実施状況に係る監査について、監査結果報告を受けるにとどまり、監査の実効性の評価を十分に行っておらず、営業店における再発防止策の実施状況を把握できていない。</u>

　こうした中、同部門は、再発防止策の検証に際し、内部通達の発出や管理様式改訂の確認をもって「改善済」とし、営業店における実施状況の把握を行っておらず、営業店において、内部通達に則した対応が行われていない事例が認められる。

▶参考事例

- 内部監査部門のフォローアップについて、内部監査部門は、証券化商品の投資部門に対し、CDO投資に係るリスク管理態勢の整備の必要性を内部監査において指摘しているにもかかわらず、同投資部門が暫定措置を講じたことをもって、その後のフォローアップを行っていない（平成21年7月、10頁）。
- 内部監査部門は、「内部監査規程」に基づき、営業店に対する監査結果を常務会へ報告するとともに、営業店において認められた問題点について、各業務の所管部署による対応が必要な場合には、該当する本部各部署に対して指摘・提言を行うこととしている。こうした中、複数の営業店において、同様の監査指摘が行われている実態があるにもかかわらず、同部門は、本部各部署に対して、これらの指摘に共通する問題を改善するための提言を行っていない（平成24年8月、18頁）。

▶関連法令等
・経営管理態勢チェックリストⅡ．１．(3)①、Ⅱ．２④、Ⅱ．３．(1)、同(2)
・中小監督指針Ⅱ－１－２(1)④、同(2)⑨、同(5)③

解　説

1　内部監査部門の使命と指摘事項のフォローアップ

　内部監査は、金融機関におけるPDCAサイクルにおいて、特に"Check""Act"の過程において最も重要な役割を担っている。

　ベターレギュレーション下の金融行政においては、金融機関の「自浄作用」の発揮状況が、行政対応を決定する際の一つのキーワードといえる。

　例えば、業務改善命令等の金融上の行政処分の基準を定めた「金融上の行政処分について」[2]（金融庁）においては、行政処分の基準の軽減事由として以下の項目が挙げられている。

> …行政による対応に先行して、金融機関自身が自主的に利用者保護のために所要の対応に取り組んでいる、といった軽減事由があるか。
> 　特に、金融機関が、行政当局と共有されたプリンシプルに基づき、自主的な対応を的確に行っている場合は、軽減事由として考慮するものとする。

　また、金融検査の基本的な考え方を示したいわゆる検査五原則「③問題点の指摘と適切な取組の評価、静的・動的な実態の検証」においても、

> 検査官は、…(ii)検査時点における問題点の静的な実態のみならず、態勢整備の進捗状況等の動的な実態についても十分検証すること

2　http://www.fsa.go.jp/common/law/guide/syobun.html

とした上、「改善・向上に向けたベクトル（改善・向上に向かっているのか、取組は広範囲なものか、取組はスピード感をもって行われているか等）を十分見極める必要がある」とし、金融検査の視点として、現に発生した問題事象の重大性のみならず、改善・向上に向けたベクトルを重視する旨を明らかにしている。

かかる金融行政の方向性の中で、内部監査は金融機関の「自浄作用」の中心的役割を期待され、したがって、その使命も、単に問題事象を発見し、指摘することにとどまらず、「被監査部門等の改善状況を適切に確認し、その後の内部監査計画に反映させる」こと（経営管理態勢チェックリストⅡ．2．④）、「指摘事項の改善状況を的確に把握している」こと（主要行監督指針Ⅲ－1－2－1、同(5)③）が求められる。

取締役会としても、内部監査部門に必要なフォローアップを実施させ、改善状況の確認をさせる措置をとることが必要となるが（経営管理態勢チェックリストⅡ．1(3)①）、内部監査部門自身においてもかかる自らの使命を認識し、自発的な対応を率先してとることが必要であろう。

2　本事例の問題点

本事例は、不祥事件再発防止策の実施状況に関する内部監査について、内部監査部門が形式的な検証にとどまり、営業店において内部通達に反した対応が行われていることを見過ごしている点につき、理事会が、監査の実効性を評価し、問題点を把握できていない点を指摘するものである。

不祥事件再発防止策につきフォローアップ監査を行っている点については、PDCAサイクルが一定の機能を果たしているものと考えられるが、かかるフォローアップ監査についても、その実効性を評価・改善するプロセスが必要となろう。

なお、参考事例の二つ目は、内部監査部門が複数の営業店で行われた監査指摘に共通する問題点を分析し、改善を提言する機能の発揮が不十分である点を指摘する事例である。

本事例は、内部監査規程で「提言機能」が明確にされていたことを背景と

する指摘であるが、内部監査部門において、指摘事項のフォローアップのみならず、改善を提言する機能まで求められている点には注目を要する。

実務対応

内部監査の主たる目的の一つに「改善提言」がある。

一方、金融機関をとりまく外的・内的環境は常に変化している。

つまり「改善提言」そのものが変化、進化していかなくてはいけないのである。また、「改善提言」は発生した事実、事象をベースとして、一定の仮説のもとに行われているものである。したがって、こうした仮説が正しかったか、実際の実務において適合しているか、といった点についてもフォローの必要があるだろう。

では、具体的にどうすればいいのか。

・「改善提言」事項について、各種本部監査実施時にその有効性を確認
・「改善提言」に係る実施状況のテーマ別監査の実施
・翌年度における監査手続への組込み
・内部監査部門内における検証機能・仕組みの確立

といった点が挙げられるであろう。

■ 外部監査について

<平成24年8月、20頁>
【業態等】
　主要行等及び外国銀行支店
【検査結果】
　取締役会及び監査役会は、外部監査において、外部監査人から指摘を受けているにもかかわらず、外部監査人への対応の所管部署である経営企画部門が対応すれば足りると認識するにとどまり、指摘事項に

対する対応策の協議を行っていない。

　また、同部門においても、当該指摘事項に係る改善策の進捗管理を行っていないなど、外部監査を有効に活用していない。

▶参考事例
- 監査部門は、外部監査人より指摘や提言を受けた項目に対する改善策の検討やフォローアップ、外部監査人に対する報告等についての取扱いを定めていない。このため、外部監査の提言事項であるアクセス管理や機密保持に関する改善状況のフォローアップを行っていない（平成22年7月、8頁）。
- 常務会が、外部監査人からの資料要求に対し、内容を開示することにより当該金融機関に不利な監査結果となることを懸念し、監査契約に反して資料の提出を拒否している事例（平成22年7月、8頁）。

▶関連法令等
　・経営管理態勢チェックリストⅣ
　・中小監督指針Ⅱ－1－2(6)

解　説

1　外部監査

　経営管理態勢チェックリスト「Ⅳ」においては、「外部監査態勢の整備・確立」の項目が設けられており、「内部管理態勢の有効性等について、年一回以上、会計監査人、弁護士等の外部の専門家による外部監査を受けているか。」（Ⅳ．①）「取締役会及び監査役会は、外部監査が有効に機能していることを定期的に確認しているか。」（Ⅳ．②）等のチェック項目が挙げられている。

　金融機関は、会社法上の大会社（会社法2条6号）であれば、会計監査人の設置が義務付けられ（会社法328条1項）、計算書類については会計監査人である公認会計士又は監査法人の監査を受けることとなる（会社法436条2項1号等）。また、金融機関が、「金融商品取引所に上場されている有価証券の

発行会社その他の者で政令で定めるもの」であれば、財務計算に関する書類及び内部統制報告書について、特別の利害関係のない公認会計士又は監査法人の監査証明を受けなくてはならない（金融商品取引法193条の2第1項、第2項）。

ただし、金融検査マニュアルの経営管理態勢チェックリスト「Ⅳ」のチェック項目は、上記の会社法及び金融商品取引法で義務付けられたいわゆる財務諸表監査等以外の外部監査を導入することを、全ての金融機関に義務付けるものではない。

当該チェック項目は、金融機関が内部管理態勢の有効性等を確保するため、財務諸表監査等とは別に外部監査を受けている場合に、財務諸表監査の結果と併せて、内部管理態勢の有効性等を総合的に検証する目的で設けられたものであることが明記されている（経営管理態勢チェックリストⅣ①脚注6）。

近時、システムリスク管理態勢等の専門性の高い態勢につき、その監査を外部機関に委託する例が多く認められる。

かかる外部機関への監査業務の委託には、コストや専門性の高い監査を受けられる点で有用である一方、外部機関任せとなることで必ずしも現場の実情に沿わない監査手法がとられる例があり、また、金融機関内部に専門性を有する人材が育たないといったデメリットもある。

経営陣や内部監査部門は、外部監査に委ねる部分と、内部監査部門自らが監査を行う業務を慎重に検討するとともに、外部監査の実施や結果の共有についても、外部監査機関と内部監査部門が十分な連携をとることが必要となろう。

2　本事例の問題点

本事例は、外部監査人から受けた指摘について、対応策の協議を行わず、また、改善策の進捗管理も行っていない点を指摘するものである。

外部監査人による監査は、個別の業務委託契約に基づいて行われることも多く、委託業務の内容は監査と改善策の提言にとどまり、そのフォローアッ

プまで含まれていないことがある。

　外部監査指摘事項のフォローアップは、必ずしも外部監査人自身が行う必要はなく、内部監査部門等が適宜行うことで足りると考えるが、本事例のようにフォローアップそのものが行われていない場合には指摘を受けることとなろう。

　参考事例の二つ目は、経営陣が、外部監査人に対し、不利な監査結果となることを懸念して資料提出を拒否した事例である。かかる対応は、外部監査の意義をそもそも見失っており、厳しい評価を免れない。近時の不祥事件の例を引くまでもなく、経営陣がかかる対応を行うことは、問題をより深刻にする可能性があることを十分認識しておく必要がある。

実務対応

　外部監査は内部監査より客観性があるといわれる。内部からの監査であると、どうしても自金融機関の見えないルール等に縛られてしまうことも多いが、外部監査はそうしたことはなく、また、いろいろな金融機関において監査を実施しているので、多くの事例を検証しており、より有効な改善提言が期待できる。

　したがって、こうした外部監査の提言が有効に作用する仕組みは必要不可欠なのである。

　具体的には、
・外部監査人と監査役（監事）の定期的かつ十分な議論を行う機会の創設
・監査役（監事）による独自のフォローの実施
などが挙げられる。

　つまり、外部監査については、内部監査ではなく監査役（監事）がより積極的に関与するとともに、外部監査人が孤立化しないように、経営陣・執行部門にその協力の意味を理解させ、適時適切なモニタリングを行う必要がある。

第2章

法令等遵守態勢

I　コンプライアンス態勢

■ コンプライアンス上の問題事案に関する原因分析、対応が不十分な事例

＜平成24年２月、43頁＞
【業態等】
　　地域銀行・中小規模
【検査結果】
　コンプライアンス統括部門は、「コンプライアンス・マニュアル」を定め、行員による当行株式の取得を規制するとともに、営業推進部門が顧客情報を、経営企画部門が当行情報を管理することとしている。
　しかしながら、<u>営業推進部門及び経営企画部門は、行員に対して、同マニュアルの周知徹底を十分に行っていないほか、インサイダー取引が懸念される場合における調査担当部門や調査手法を明確に規定していない</u>。
　こうした中、同マニュアルに違反して当行株式を購入した行員を処分した事案に関し、事故者の上司は、当行株式の購入の是非について事前相談を受けていたにもかかわらず、同マニュアルの内容を十分に理解せず、適切な対応を指示していない。また、コンプライアンス統括部門は、当該事案について金融商品取引法への抵触性を客観的に判断することが困難な中、弁護士によるリーガルオピニオン取得の必要性も検討していない。

▶参考事例
● 前回検査の指摘を踏まえて、全職員を対象にしたコンプライアンスに関するアンケートを実施させているものの、アンケートでコンプライアンスに抵触する懸念のある情報が寄せられていたにもかかわらず、コンプライアンス統括部門が徹底した調査を行っていない事例（平成22年7月、27～28頁）。
● 契約担当部署は、二次チェックにおいて、外部委託契約の内容に不備があることを統合リスク管理部門から指摘されているにもかかわらず、その不備を修正することなく外部委託契約を締結している事例が認められる（平成24年8月、62頁）。

▶関連法令等
・法令等遵守態勢チェックリストⅠ.3
・中小監督指針Ⅱ-3-2-3-2(3)

解　説

1　コンプライアンス上の問題事案の原因分析と対応

　金融検査マニュアルの法令等遵守態勢チェックリストⅠ.3においては、取締役会等に関し、法令等遵守態勢の「分析・評価」及び「改善活動」のチェック項目が設けられている。

　当該チェック項目では、分析・評価に関する項目として、取締役会等が各種の監査（監査役監査、内部・外部監査）の結果、行内の各種調査結果、及び各部門からの報告等に含まれる法令等遵守の状況に関する情報に基づいて、自行の法令等遵守状況を分析・評価し、改善点につき検討、原因分析を行っているか、が挙げられている。

　また、改善活動に関するチェック項目として、上記の分析・評価を踏まえて改善活動を実行し、進捗状況を随時検証し、改善プロセスを見直しているか、等の項目が挙げられている。

　かかるチェック項目は、法令等遵守態勢に関するPDCAサイクルのうち

"Check（評価）""Act（改善）"に該当する項目であり、プリンシプル・ベース下の金融検査においては重要検証ポイントとなる。

このような「行内の情報集約→評価・原因分析→改善活動実施→改善状況の検証→更なる改善」という一連のプロセスは、他のリスクカテゴリーにも共通し、法令等遵守態勢に限って求められる要請ではないが、コンプライアンス上の問題事象は、件数や金額にかかわらず金融機関の業務の健全性・適切性やレピュテーションに深刻な影響を与える可能性があるため、他のリスクカテゴリーにもまして、法令等遵守態勢における"C（評価）""A（改善）"の機能発揮は重要となろう。

金融検査マニュアルの上記チェック項目に明示された各種監査の結果、行内の調査結果、各部門からの報告のほか、金融検査マニュアル上は明示されていないが、前回検査指摘事項の改善は特に優先的に取り組むべき課題である。

前回検査指摘事項は、自行の法令等遵守態勢について明確に発信されたメッセージであり、当該事項の改善が十分でない結果として同種事案が発生したような場合、厳しい評価を受けるおそれがあろう。

2 「分析・評価」「改善活動」のポイント

問題事象について分析・評価、改善活動を行う場合、事案の軽重により程度に差はあれ、原則として当該個別事案のみの解決にとどまることなく、問題事案が生じた背景と同種事案の発生するリスク（どの部門の、どの業務で発生するおそれがあるか）についての分析・評価を行うことが重要である。

特に、改善活動については、改善策の「やりっ放し」状態に陥り、改善策の実施状況の検証や有効性の評価が全く行われていない例が散見される。

改善策の策定時には、定期的な改善策の実施状況の検証、有効性の評価と見直しのプロセスを組み込んでおくことが重要となろう。

3 本事例の問題点

本事例は、行員の自行株式取引に関するコンプライアンス・マニュアルの

周知徹底や、インサイダー取引が懸念される場合の調査担当部門、調査手法の規定の不備を指摘するものである。

もっとも、本事例においては、これらに加え、コンプライアンス・マニュアルに反して自行株式を購入した行員から事前相談を受けていた上司が適切な対応を指示できていなかったこと、及び、コンプライアンス統括部門が事後対応として弁護士のリーガルオピニオン取得等の検討をしていなかったこと、が指摘されている。

コンプライアンス上の問題事象の端緒を把握した場合の対応や、問題事象が発生した場合の対応が不十分な点を指摘したものであり、このような場合、上記1、2で述べた、コンプライアンス上の問題事案の原因分析と対応が不十分との評価を受けることとなろう。

実務対応

本事案にかかわらず、問題事象が発生すると「注意喚起の実施」「通達による周知」「研修の実施」といった対応策が策定される。

問題は何か。

これら対応策を実施することで満足してしまう、あるいは実施することが「目的」になってしまうということである。

例えば、マネー・ローンダリングについてどれくらいの職員がその重要性を適切に認識し、どういったルールが存在するのかを認識しているか。こうしたことをパーセンテージですぐに示すことができるか。

これは、各種意識調査、研修時のテスト等で継続的に実施していないと答えられないことである。

本事案も含め法令等遵守に係る事案の対応では、当然、改善策を実施することも重要だが、そのフォロー、あるいは現状がどういう状況なのかを適時に把握しておくことが大事である。

特に、経営陣・法令等遵守部門においては「これくらいのことは分かっているだろう」「当行（当金庫・当組合）の職員であれば、これくらいの常識はあるだろう」といったことになるおそれがあるので、対応策が中途半

I コンプライアンス態勢

端になることなく、想定されるリスクを考慮した、現状分析、対応策を実施する必要がある。

II リーガル・チェック等態勢

リーガル・チェック等の対象範囲や手続が不明確な状態にとどまっていることから、適切なリーガル・チェックが確保されていない事例

＜平成23年2月、49頁＞
（規模・特性等）
・信用金庫及び信用組合、中規模
【検査結果】
・リーガル・チェック等について、コンプライアンス統括部門は、事前のリーガル・チェック等が必要な文書、取引及び業務の範囲を明確化していない。このため、リーガル・チェックが行われていない「各種規程等の制定・改訂」や「宣伝文書等」が多数認められる。
　また、同部門は、与信審査時のリーガル・チェックの手続を定めていない。このため、グループ間の不動産取引に係る融資について、特殊なスキームであり、融資先企業の経営者の税法違反行為があることを把握しているにもかかわらず、融資の適法性や潜在的な法的リスクについて、リーガル・チェックを行っていない事例が認められる。

▶参考事例
●コンプライアンス統括部門は、関係業務部門に対して、コンプライアンスに関する個別事象についての報告徴求や指示を行い、業務横断的な管理を行うこととしている。しかしながら、同部門は、関係業務部門がコンプライアンス関連事項について網羅的に協議・報告を行っているかどうかを検証しておらず、関係業務部門において、法令改正に伴うリーガル・チェッ

クが適切に行われていない事例が認められる（平成24年8月61頁）。
● コンプライアンス担当部門へ協議・照会を要する事案の定義を明確化していないことなどにより、銀行法に基づく子会社の当局への届出が行われていない事例や、会社法に基づく取締役との利益相反に係る取締役会の承認が行われていない事例（平成22年7月、32～33頁）。

▶関連法令等
・法令等遵守態勢チェックリストⅢ．5

解　説

1　金融検査マニュアルにおける「リーガル・チェック等」

　金融検査マニュアルにおいて、リーガル・チェック等とは、「コンプライアンス・チェックを含み、例えば、法務担当者、法務担当部署、コンプライアンス担当者、コンプライアンス統括部門又は社内外の弁護士等の専門家により内部規程の一貫性・整合性や、取引及び業務の適法性について法的側面から検証することをいう」[1]とされている。

　法令等遵守態勢チェックリストにおいて、「Ⅲ．個別の問題点」の1項目として「5．リーガル・チェック等態勢」に関するチェック項目が設けられ、特に慎重なリーガル・チェック等を経る必要がある事項として、以下の事項が挙げられている。

・新規業務の開始前における業務の適法性
・海外の本・支店や現地法人等における顧客口座の開設等の取次その他の取引等
・優越的な地位の濫用等が懸念される取引等
・増資におけるコンプライアンス等
・複雑なスキームの取引の適法性（例えば、オフバランス化を含む資産流動化不良債権処理、益出し等の目的で行われる取引や、特殊な種類株式や社債の発

1　金融検査マニュアル【本マニュアルにより検査を行うに際しての留意事項】(6)(7)参照。

行が関連する取引等）
・利益相反のおそれについての検討が必要な事案
・いわゆるプライベート・バンキング等における非定型取引等
・アームズ・レングス・ルールの適用あるグループ内の取引の適法性
・コルレス契約の締結
・法令上求められるディスクロージャー等
・その他法的リスクが高いと合理的・客観的に判断される文書、取引、業務等

　各金融機関においては、法令等遵守規程等でリーガル・チェック等の対象が定められていると思われるが、上記の具体的事項がリーガル・チェック等の対象となっているか再度確認しておく必要があろう。

　ただし、上記事項は例示列挙で、悉皆的なリーガル・チェック等を義務付けるものではなく、また、上記事項以外でも個別取引等でリーガル・チェック等を行う必要性が高い場合は想定される。

2　リーガル・チェック等における留意点

　リーガル・チェック等の態勢整備に際しては、法令等遵守規程等でリーガル・チェック等の対象業務、取引、文書等の範囲をあらかじめ定め、チェック漏れを防止することが必要となる。

　一方で、現実にリーガル・チェック等の漏れが発生しやすいのは、あらかじめ類型化し難い取引等である点に留意を要する。参考事例の二つ目も、銀行法に基づく子会社の当局への届出、会社法に基づく利益相反取引に係る取締役会の承認等といった、日常的に想定される取引等とは若干異なる場面における指摘となっている。

　また、形式的には外部弁護士の意見書等を取得してリーガル・チェック等を行っていても、意見の対象が特定の法令上の問題点に限定されていたり、リーガル・チェック等の本質に関する部分に前提条件が付されていたりといった事情で実質的にリーガル・チェック等の機能を果たしていない例が散見される。さらに、例えば、取引関係者の反社会的勢力該当性について、弁

護士のオピニオンを唯一の資料として判断するなど、リーガル・チェック等の主体の選択に疑義があるような事例についても留意が必要である。

3　本事例の問題点

本事例においては、リーガル・チェック等の対象文書、取引及び業務の範囲が明確にされていなかった点が指摘されており、当該金融機関のリーガル・チェック等の基本的な態勢整備に課題がある事案といえる。

また、本事例は、与信審査時のリーガル・チェック等の手続が定められていないことから、特殊なスキームに関連する融資の適法性等についてリーガル・チェックが行われていなかった点が指摘されている。

与信審査一般にリーガル・チェック等が求められるものではないが、適法性に問題の生じうる特殊なスキームが関連するような場合には、適切にリーガル・チェック等が機能するよう、営業部門を含め、職員のリーガルリスクへの感度を高めることが必要であろう。

実務対応

リーガル・チェックを実施するのはどこなのか。このような基本的なことはどの金融機関でも規程化されていることと思われる。問題はその運用である。

規程上は多少不明確でも、運用、そのルールにおいては具体性がなければなれない。

一般的には、コンプライアンス部門、法務部門が担当部門になろうかと思うがその運用に具体性があるのか、ないのか。

ポイントとしては、次の点が考えられる。

・リーガルリスクに係るリスク・コントロールが適切か、具体的には社内でチェックすべきものと社外でチェックすべきものが適切になされているか。

・社外チェックに際して、社外のチェック先が適切に選定されているか
（例えば、金融規制に係る事案について、その専門の弁護士に依頼してい

るか。会計上の話を弁護士に相談していないか、等)

当然のことながらリーガル・チェックの重要性を本部各部に周知徹底しておく必要がある。

また、金融機関においてはリーガル・チェックの範囲も相当広く、そのため、最新の法規制・判例等をウオッチしておく必要があり、態勢整備についても経営陣としてその重要性を認識する必要がある。

■ コンプライアンス・プログラムの進捗状況の検証が不十分な事例

＜平成24年8月、50頁＞
【業態等】
　主要行等及び外国銀行支店
【検査結果】
　コンプライアンス統括部門は、「コンプライアンス・マニュアル」に基づき、コンプライアンス・プログラムの策定及び見直しを行うこととしている。具体的には、同部門は、各部署の課題及び全行的な課題を踏まえた施策等を盛り込んだ当該プログラムを策定し、その実施状況を踏まえて、半期ごとに見直しを行うこととしている。

　しかしながら、同部門は、当該プログラムの課題設定等を各部署任せにしており、半期ごとの見直しの時点においても、各部署の取組状況の検証を十分に行っていない。

　こうした中、経営会議において「暴力団排除条項の外部委託契約書への導入推進」が決定されているにもかかわらず、外部委託先を管理している一部の部署は、外部委託契約書への暴力団排除条項の導入を、当該プログラムの課題として設定していない。

▶参考事例
- 理事会は、コンプライアンス委員会を設置し、コンプライアンス・プログラムを策定させている。また、同委員会は、毎月コンプライアンス研修を実施させ、その結果をコンプライアンス統括部門から四半期ごとに報告させている。しかしながら、同委員会は、同プログラムの進捗状況等を協議・検証していないことから、一部の営業店における研修の未実施を把握していない（平成22年7月、27頁）。
- コンプライアンス・プログラムについて具体策の検討が不十分であることから、未達成の施策や形骸化している施策が多数認められる（平成19年7月、7～8頁）。

▶関連法令等
　・法令等遵守態勢チェックリストⅠ．2⑤、Ⅱ．⑴1⑤、Ⅱ．2①

解　説

1　コンプライアンス・プログラムの策定

　コンプライアンス・プログラムとは、「コンプライアンスを実現させるための具体的な実践計画」と定義されるが[2]、具体的には、内部規程等の改定や研修等のコンプライアンス上の取組に関する年度計画である。

　金融検査マニュアルにおいては、管理者がコンプライアンス・プログラムを策定し（Ⅱ．1⑤）、取締役会が承認し（Ⅰ．2⑤）、コンプライアンス統括部門がこれを実施する（Ⅱ．2①）旨が定められている。

　コンプライアンス・プログラムの承認を取締役会に求めた趣旨について、当局は「コンプライアンス・プログラムは、金融機関の役職員の行為が法令等に沿ったものとなるための基本になる具体的な実践計画であり、その性質、重要性及び経営に与える影響の大きさに鑑み、取締役会の承認が必要であることを前提とし」た旨説明している[3]。

2　法令等遵守態勢チェックリストⅠ．2⑤

また、代表取締役及び取締役会に関するチェック項目としては、コンプライアンス・プログラムの進捗状況を定期的かつ正確に把握し、評価すること、その実施状況を業績評価や人事考課に反映する態勢を整備することを定めるなど（Ⅰ．2⑤）、一定の重要性をおいている。

2　本事例の問題点

　本事例は、コンプライアンス統括部門が、コンプライアンス・プログラムに基づく課題設定等を各部署任せにし、取組状況の検証も十分に行っていない点を指摘するものである。

　もっとも、かかる指摘がなされた背景には、コンプライアンス・プログラムが役職員の法令等遵守の基本となる実践計画であるところ、同プログラムの履行状況が不十分である場合には、当該金融機関の法令等遵守態勢全般に問題が潜在しているおそれがある、との目線があるものと考えられる。

実務対応

　コンプライアンス・プログラムは各金融機関の年度初めに示される重要な管理方針の一つである。

　そこでは、金融機関としてその年度にどのような法令等遵守態勢を確立しているか、経営陣のメッセージが込められているはずである。

　ところが、このプログラム自体は大変抽象的な内容が記載されておりそれを具体化する部分はまさにコンプライアンス統括部門の役割なのである。こうした役割が欠落してしまうと、現場では「どうせまた同じようなこと」「別に重要ではないのでは」ととらえ、蔑ろにしてしまうこととなる。

　具体的な対応としては、

・コンプライアンス・プログラムの発信については、トップの名前で発信する

3　平成19年2月16日「金融検査マニュアルの改訂について」《パブリック・コメントの概要及びそれに対する考え方》No86

・コンプライアンス・プログラムについて、各支店等において研修・勉強会を開催する。そのための部店長に向けた事前説明の会議を開催する
・コンプライアンス・プログラムに係るモニタリングを実施する
などが挙げられる。
　併せて、コンプライアンス統括部門の施策のPDCAを適切に実施し、その結果を取締役会に報告するなどの態勢整備も必要であろう。

III 不祥事件防止態勢

1 銀行法上の不祥事件とは

銀行法上の「不祥事件」は、銀行法施行規則35条7項で以下のとおり定義づけられている。

> 銀行法施行規則第35条7項
> 　第1項第25号及び第4項第4号に規定する不祥事件とは、銀行等の取締役、執行役、会計参与（会計参与が法人であるときはその職務を行うべき社員を含む。）監査役若しくは従業員又は銀行代理業者若しくはその役員（役員が法人であるときはその職務を行うべき者を含む。）若しくは従業員が次の各号のいずれかに該当する行為を行ったことをいう。
> 1．銀行の業務又は銀行代理業者の銀行代理業の業務を遂行するに際しての詐欺、横領、背任その他の犯罪行為
> 2．出資の受入れ、預り金及び金利等の取締りに関する法律又は預金等に係る不当契約の取締に関する法律（昭和32年法律第136号）に違反する行為
> 3．現金、手形、小切手又は有価証券その他有価物の一件当たりの金額が100万円以上の紛失（盗難に遭うこと及び過不足を生じさせることを含む。）
> 4．海外で発生した前3号に掲げる行為又はこれに準ずるもので、発生地の監督当局に報告したもの
> 5．その他銀行の業務又は銀行代理業者の銀行代理業の業務の健全かつ適切な運営に支障を来す行為又はそのおそれがある行為であって

> 前各号に掲げる行為に準ずるもの

すなわち、銀行法上の不祥事件は、概要
① 業務遂行上の詐欺、横領、背任、その他の犯罪行為
② 出資法、不当契約取締法違反
③ 100万円以上の紛失事故
④ 海外発生事案
⑤ その他銀行業務に関する不祥事件

であり、一般に「不祥事」と呼ばれるセクハラ・パワハラ等の事案や業務外の飲酒運転、交通事故、暴力行為、痴漢等は、典型的には銀行法が想定する「不祥事件」とは異なるものである。

かかる不祥事件が発生した場合、銀行は、発生を知った日から30日以内に監督当局へ届出を行わなくてはならない（銀行法施行規則35条8項）。

2 不祥事件防止態勢に関する指摘事例の傾向

預金業務を取り扱う金融機関において、職員の横領・詐欺等の不祥事件は深刻なレピュテーションリスクにつながるおそれがある。

行政対応においても、平成21検査事務年度から同23検査事務年度までの間に預金取扱金融機関に対して発出された法令等遵守態勢に関する行政処分30件のうち、職員の横領・詐欺等の不祥事件に関連する行政処分が13件を占めている（金融庁「行政処分事例集」による）。

金融検査結果事例集でもかかる傾向は顕著に現れており、法令等遵守態勢に関する指摘の数多くを、信用金庫、信用組合を中心とした地域金融機関における不祥事件防止態勢に関する指摘事例が占めている。

不祥事件等防止態勢に関する金融検査事例は多岐に及び、事例を一覧すれば、金融機関が現在行っている不祥事件防止措置やその問題点が概観できる。

ここでは、金融検査事例を以下の四つの類型に分けて解説する。
① 不祥事件発生時の対応が不適切であることを指摘する類型

② 不祥事件再発防止策の内容や策定プロセスが不適切であることを指摘する類型
③ 不祥事件防止策の不徹底を指摘する類型
④ 不祥事件再発防止策のモニタリング、フォローアップが不十分であることを指摘する類型

以下、各類型につき、ポイントと態勢整備上の留意点を詳述する。

■ 不祥事件発生時の対応が不適切であることを指摘する類型

＜平成23年7月、51頁＞
（規模・特性等）
・信用金庫及び信用組合、大規模
【検査結果】
・不祥事件の再発防止に向けた取組について、理事長等は、個人ローンに係る不祥事件が繰り返し発生しているにもかかわらず、事故防止委員会や監査部門に対し、徹底した余件調査や再発防止策の実効性の評価を指示していないほか、その検証も行っていない。
　このため、同委員会等は複数の類似事件の余件調査について、その対象を一部に限定するなど、徹底した調査等を行っておらず、類似不正行為の発見の遅れなどにより、顧客被害の拡大を招いている。
　また、同委員会等において、再発防止策として「人事ローテーションの徹底」等について協議しているが、いまだ具体的な再発防止策が講じられていない。

▶参考事例
●コンプライアンス統括部門や監査部門が、不祥事件発覚前に事故者の預り

証等の代筆を把握していたにもかかわらず、事実確認を徹底しないまま不祥事件のおそれはないと判断し、その後、当該事故者が代筆により現金着服等を継続していることを看過している事例（平成23年2月、41頁）。
- 営業店職員が顧客から多額の借入を受けている事故が発覚し、監査部門及びコンプライアンス統括部門が調査を行っている。しかしながら、同部門等は、事故者が多重債務者であることや、前任営業店の連続離席調査で虚偽報告を行っていたことなど、過去の類似不祥事件との共通点を把握しながら、前任営業店の在籍期間中は事故者の資金繰りに問題はなかったなどとして、事故発生店在籍期間のみの調査にとどめている（平成23年7月、53頁）。

▶関連法令等
・銀行法53条1項8号、銀行法施行規則35条1項25号、同7項、同8項
・法令等遵守態勢チェックリストⅡ．1(2)⑤、同2④、同Ⅲ．4
・中小監督指針Ⅱ－3－1－1、同2

解　説

1　不祥事件発生時の対応

　金融検査マニュアルの法令等遵守態勢チェックリストにおいては、コンプライアンス統括部門が法令等違反行為等の疑いがあると判断する場合、速やかに事実確認を実施し、管理者等へ報告等しているかがチェック項目とされ（Ⅱ．2④(i)(ii)）、管理者の階層においても、かかる態勢を整備しているかがチェック項目とされている（Ⅱ．1(2)⑤）。

　不祥事件やその疑義事案が発生した場合、初期対応として徹底した事実調査と、法令等違反の有無の確認が必要となる。本事例のように、同種の不祥事件が繰り返し発生しているにもかかわらず余件調査を怠ることや、参考事例のように、顧客からの情報提供や監査等により疑義事案を把握しながら、その重大性を認識せずに看過することがないよう対応することが求められる。

詐欺・横領等の不祥事件は、例え1件でも、業務改善命令等の重大な行政対応や深刻なレピュテーションリスクを惹起しかねない。

　金融機関の規模・特性にもよるが、少なくとも中小・地域金融機関において、不祥事件への対応は経営陣が主体的に関与して対処するべき問題であり、コンプライアンス統括部門や内部監査部門に任せきりとなり、経営陣が関与しないままに対応が完結するようでは不十分な態勢といわざるを得ない。

　本事例のように、不祥事件が繰り返し発生する状況で経営陣が適切に対応を指示していないケースや、参考事例のように、経営陣が不祥事件発生の事実報告を受けるのみで不祥事件届出の内容を把握していないといったケースは、このような問題意識を欠くことから指摘を受けた事例と考えられる。

　なお、18事務年度の事例ではあるが、同様の問題を指摘するものとして、当局に不祥事件の届出がなされているにもかかわらず取締役会に報告されていない事例が挙げられている（平成19年7月、9頁（ⅰ(3)））。

2　不祥事件届出に関する法令解釈上の問題点

　また、不祥事件発生時に金融機関において検討が必要となる事項として、当局に対する不祥事件届出が挙げられる。

　まず、不祥事件該当性の判断において、いわゆるバスケット条項である銀行法施行規則35条7項5号の「その他銀行の業務……の健全かつ適切な運営に支障を来す行為又はそのおそれがある行為であって前各号に掲げる行為に準ずるもの」の解釈が問題となる。

　当該条項の「前各号に掲げる行為に準ずるもの」は、多分に解釈の余地を含み、どのような事象が本号に該当するかについて明確な定義はない。

　同号該当性の判断は、一義的には各金融機関に委ねられるが、かかる判断には合理的な理由が必要となる。安易な判断で届出を行わなかった結果、後に不適切と指摘を受けることのないよう、外部弁護士によるリーガル・チェック等の判断プロセスを確立しておくべきであろう。

　次に、銀行法施行規則35条8項は「不祥事件の発生を銀行……が知った日

から30日以内に行わなくてはならない」と定めているところ、届出期間の起算日につき、誰が事実を知った時点で「銀行が……知った日」と解すべきかが問題となる。

　この点についても明確な定義はないが、「銀行が知った日」との文言から考えれば、営業店の一職員が不祥事件を認識した日ではなく、銀行が組織として事実を認識したと評価できる時点をもって起算日と考えることが妥当であろう。具体的な解釈は個々の事案によって異なるところではあるが、遅くとも、不祥事件対応を行う本部部署や経営陣が事実を知った時点では、起算日に該当すると考えるべきではないか。

3　本事例の問題点

　本事例では、前段においては、個人ローンに係る不祥事件が繰り返し発生しているにもかかわらず、理事長が事故防止委員会等の担当部門等に適切な指示を行っていないこと、後段においては、事故防止委員会等が、余件調査の不備により類似不正行為の発見が遅れ、顧客被害の拡大を招いていることが指摘されている。

　既に述べたとおり、不祥事件やその疑義事案には常にアンテナを張り、これを看過してはならないこと、また、不祥事件発生時の対応は経営陣が主導して対処すべき問題であることを認識する必要がある。

実務対応

　不祥事件はこれまで「めったに起こらないもの」とされてきた。しかしながら最近の報道等を見れば、「いつどこの金融機関でも発生する可能性が高い」ものに変化してきている。

　また、不祥事件の発生、予防は内部統制の観点からも重要となってきている。

　本事例も含めて、自金融機関でこうした事案が発生することはないのか、また、類似事案はないのかといった点について、分析しその弱点を埋めていくといった地道な施策が必要である。

過去の不祥事件においても他の金融機関で発生した事例を調査した結果、自金融機関でも同様の不祥事件を発見できた事例は多い。
　こうした観点から検査指摘事例を活用することも有益である。
　なお、不祥事件に係る参考書籍として「よくわかる金融機関における不祥事件対策」（日本公認不正検査士協会監修、金融財政事情研究会刊）が挙げられる。理論面、実務面で参考にされたい。

■ 不祥事件再発防止策の内容、策定プロセスに関する指摘

＜平成22年7月、24～25頁＞
（規模・特性等）
・信用金庫及び信用組合
・不祥事件や反社会的勢力との取引が繰り返して発生しているなど、経営・顧客等に及ぼす影響度は大きい。
【検査結果】
・理事会等は、不祥事件の再発防止策を検討するにあたり、上記の不正行為が、事故者の異動に伴い、複数の店舗や異なる職位において実行されたものであるにもかかわらず、発覚時の職位である融資推進担当者の在籍期間だけを対象にして対応策等を検討するにとどまり、以前の渉外担当に在籍していた間の不正行為に対する管理態勢上の問題点等を分析・検証していない。

▶参考事例
●コンプライアンス統括部門が、前回検査以降の不祥事件の発覚を受け、不祥事件の再発防止のためのリスクの洗い出しとリスクの重大性に関する検討を十分に行っておらず、また、コンプライアンス委員会も不祥事件の再発防止策及び改善対応等の審議など、不祥事件の再発防止に向けた機能を

十分に発揮していない事例（平成24年2月、41頁）。
- 長期間同一の営業地区を担当する職員による不祥事件が複数発生しているにもかかわらず、コンプライアンス統括部門が、同様の職員に対する実態調査等を行っていない事例（平成23年2月、41頁）。
- 不祥事件の再発防止について、個別案件の原因分析にとどまり、事故防止のために実施した施策の有効性などについて、関係部署と連携した組織横断的な検証を行っていない事例（平成20年7月、12頁）。
- コンプライアンス統括部門は、不祥事件を踏まえ、再発防止策として、高齢者取引における預り資産に係るモニタリングや、全店一斉の勉強会、顧客宛現金持参時における取扱の厳格化等を実施する旨を、経営会議に報告しているものの、同部門は、当該不祥事件について、実効性のある再発防止策を策定できていない（平成24年8月、52～53頁）。

▶関連法令等
　・法令等遵守態勢チェックリストⅡ．1⑵⑤、同2④、同Ⅲ．4
　・中小監督指針Ⅱ－3－1－1、同2

| 解　　説

1　不祥事件再発防止策の内容や策定プロセスに関する指摘

　不祥事件防止態勢に関する指摘事例の類型の一つに、不祥事件再発防止策の内容や策定プロセスの不備に関する指摘がある。
　法令等違反行為が発生した場合、初期対応として、迅速な事実調査や不祥事件届出等の対応を検討することが必要となるが、次の段階として、法令等違反行為の背景、原因、影響の範囲について調査・分析し（法令等遵守態勢チェックリストⅡ．2．④(iii)）、分析結果を踏まえた再発防止策を講じる必要がある（法令等遵守態勢チェックリストⅡ．2．④(iii)(iv)）。
　特に、同種の不祥事件が繰り返し発生している場合には、個別事案における原因分析と対応にとどまらず、同種事案が繰り返し発生する原因となっている態勢面の問題点を改めて分析し、それまでとっていた不祥事件防止策の

有効性を検討し直すことが必要となる。

　不祥事件再発防止策として営業店で新たな業務フローを設けることは、ときに煩瑣で営業推進と衝突する面があることから、ともすると弥縫策にとどまりがちである。しかし、業務改善命令が発出された事例の多くは、不祥事件再発防止策が不十分なものであった結果、同種の不祥事件が発生した事例であり、不祥事件再発防止策の策定には慎重な検討が必要となる。

2　本事例の問題点

　本事例は、不祥事件の再発防止策について、事故者の不正行為が複数の店舗や職位で実行されていたにもかかわらず、不正行為判明時の職位への在籍期間のみを対象に検討していた点を指摘するものであり、再発防止策の策定に当たっての検討が不十分となっている事例である。

　同種の事象としては、長期間同一の営業地区を担当する職員による不祥事件が複数発生しているにもかかわらず、同様の職員に対する実態調査等を行っていない事例（参考事例二つ目）や、個人向け渉外担当者の預り現金着服事案が発生した際の再発防止策について、同様に顧客から現金を預かる法人向け渉外担当者や投資信託の外務員について対策を検討していない事例等が考えられる。

実務対応

　不祥事件が発生すると、その対応策が立案される。

　金融機関においては、法令上の報告義務があるためその立案もすぐになされることが多い。

　そのこと自体はよいのだが、発生事象の表面だけをとらえて対応策を策定してしまうと、根源的な原因を見過ごすことになりかねない。

　こうしたことを防ぐためにも、対応策は

・すぐ対応しなければならないこと

・少し時間をかけて対応すべきこと

に分けて考える必要があろう。

> 個別事象にとらわれるのではなく、その背景や自金融機関内に同様の事象が潜んでいないか、といった観点も必要となってくる。

■ 不祥事件防止策の不徹底を指摘する事例

＜平成23年2月、45頁＞
（規模・特性等）
・信用金庫及び信用組合、中規模
【検査結果】
・常勤理事会は、不祥事件の再発防止策の検討や実効性のチェックを十分行っていないほか、不祥事件等発生後の調査をコンプライアンス統括部門任せとし、適切な指示や積極的な関与を行っていない。
　こうした中、常勤理事会は、職員について、勤務を命じられた休日以外の休日出勤の実態を把握していない。このため、ほとんどの営業店で休日出勤が行われており、中には、規程に反して、金庫の開閉を1名で行っている営業店が認められる。
　また、同部門は、不祥事件の再発防止策として職員の身上ヒアリングを実施しているが、ヒアリング結果記録表の記載がほとんどない営業店長に対して、再提出を求めていないほか、ヒアリング結果を取りまとめていない。

▶参考事例
●コンプライアンス統括部門は、営業店に対して、職場離脱中の机・キャビネット等の点検調査の記録簿を正確に記録することを徹底していないため、点検日の記入漏れや誤記入などの不備が認められており、再発防止策の実効性が十分に確保されるものとなっていない（平成24年8月、52～53頁）。

- コンプライアンス統括部門は、多重債務により管理が必要であると判断した者について、収支のモニタリングや面接による身上把握を行うこととしているものの、身上把握を十分に行っていない。こうした中、多重債務を抱えた行員が、顧客から金銭を借り入れている事例（平成24年2月、44頁）。
- 不祥事件再発防止策である職場離脱制度について、連続休暇制度が、職場離脱制度の趣旨に反し、本人の申告に基づいて実施されているほか、離脱期間中の業務点検が形式的なものにとどまっており、再発防止策としての実効性が確保されていない（平成23年2月、42頁）。
- ATM上への現金放置やATMの扉を開けたまま長時間その場を離れている事例（平成22年7月、28頁）。
- 不祥事件再発防止策としての「お届け現金に係る取扱いの強化」に関し、内部監査で複数の営業店で「現金お届け票」等の記載不備が指摘されていることを把握しているものの、具体的な改善策を検討していない事例（平成23年2月、46頁）。
- 再発防止策として、営業店における「便宜扱い」などの異例取引について営業店長が検証することとしたものの、規定に沿った運用が行われていない事例（平成22年7月、28頁）。

▶関連法令等
　・法令等遵守態勢チェックリストⅡ．1(2)⑤、同2④、同Ⅲ．4
　・中小監督指針Ⅱ－3－1－1、同2

解　説

1　不祥事件防止策の不徹底に関する指摘

　不祥事件防止態勢に関する指摘の類型として、不祥事件防止策の不徹底に関する指摘の類型がある。係る類型の指摘を概観すれば、現在金融機関でとられている不祥事件防止策の概要が把握でき、自行の不祥事件防止策として活用できるものがないか検討の端緒となろう。

　金融機関においてとられている不祥事件防止策としては

- 現金管理の厳格な運営（ATMへの現金装填、金庫の開閉等のルール）
- 伝票（特に預り証）、検印、代筆禁止、役席カード管理等の事務徹底
- 異例扱いへの厳正な対処
- 現金届け時の顧客への事前・事後連絡
- 渉外担当者のカバン、自動車、ロッカーの抜き打ち点検等
- 人事ローテーション、職場離脱・連続休暇の徹底
- 行員の身上把握（定期面談、アンケート）、カウンセリング等
- 顧客への取引状況の確認（管理職の同行訪問、取引状況確認書の発送等）

等がある。

　これらの不祥事件防止策は、営業店における日々の煩瑣な事務を伴うことから、形骸化や不徹底が生じることが多く、参考事例に記載したものをはじめとして数多くの指摘事例が存在する。

2　人事ローテーション、職場離脱等について

　これら対策のうち、特に人事ローテーションと職場離脱制度に関し、金融検査マニュアルのオペレーショナルリスク管理態勢チェックリスト（別紙1）Ⅱ．1③(iv)(v)において、

- 管理者は、事故防止の観点から、人事担当者等と連携し、連続休暇、研修、内部出向制度等により、最低限年1回1週間連続して、職員（管理者も含む）が職場を離れる方策をとっているか。管理者は、その状況を管理し、当該方策を確実に実施しているか。
- 管理者は、事故防止の観点から、人事担当者等と連携し、特定の職員を長期間にわたり同一部署の同一業務に従事させないように、適切な人事ローテーションを確保しているか。やむを得ない理由により長期間にわたり同一部署の同一業務に従事している場合は、他の方策により事故防止等の実効性を確保しているか。管理者は、その状況を管理し、当該方策を確実に実施しているか。

とのチェック項目が設けられている。

　特に現金を取り扱う渉外担当者については、顧客との密接な信頼関係を悪

用して不祥事件に及ぶケースが多く、人事ローテーションの厳格な運用が求められる。仮に人的資源の問題等で渉外担当者の他営業店への異動が難しい場合においても、同一営業店での勤務が通常より長期化した者については、同一営業店内で担当エリアを変更する、管理者による同行訪問の頻度を増やすといった特段の対応が必要となろう。

　また、連続休暇制度の趣旨は、担当者に一定期間業務を離れさせ、その業務に不適切なところがないかを点検することにある。連続休暇中に出勤していたり、連続休暇はとらせているものの管理者が業務点検を怠っていたりといった状況では、運用が形骸化しているといわざるを得ず留意を要する。

3　本事例の問題点

　本事例は、休日出勤の実態が把握されていない点、内部規程に反し金庫の開閉を1名で行っている点、職員の身上ヒアリング記録の運用が形骸化している点を指摘しており、いずれも不祥事件再発防止策の不徹底を指摘するものである。

　かかる状態が発生していること自体問題であるが、更に分析すれば、かかる状態をモニタリングにより把握できていなかったことが原因と考えられる。不祥事件再発防止策の不徹底に関する指摘事例の多くは、その原因がモニタリング不足にあると考えられ、不祥事件再発防止策の策定に当たってはモニタリングの確保が課題となろう。

実務対応

　例えば、人事部門や監査部門でパソコンのログ記録と休暇日程との突合を行う、金庫の開閉が確認できるように監視カメラを設置するなどの対応を行う必要があろう。

　そのうえで、不祥事件の防止策の必要性について通達等で周知徹底するとともに、その理解度につき確認テストを行うなど、継続的に周知・定着を図ることが必要である。

　また、内部監査部門はその周知の度合いを定期的に確認するなどし、よ

> り適切なPDCAが実践されるように適切な対応を行える提言等を行う必要があろう。

■ 不祥事件再発防止策のモニタリング、フォローアップが不十分であることを指摘する類型

> ＜平成24年8月、49～50頁＞
> 【業態等】
> 　地域銀行、中小規模
> 【検査結果】
> 　コンプライアンス統括部門は、前回検査以降、複数の不祥事件が発覚したことから、改善策を策定し、コンプライアンス委員会へ報告するとともに、営業店へ周知している。また、同委員会は、不祥事件に係る改善策の進捗状況について、半期ごとに協議し、同部門に対して、問題解消のための指示を行うこととしている。
> 　しかしながら、同委員会は、<u>不祥事件に係る改善策の進捗状況の協議を行っていない。</u>また、同部門においても、営業店に対する改善策の周知・指導を十分に行っていない。
> 　このため、営業店において、改善策が徹底されていない事例が認められる。

▶参考事例
● 不祥事件の再発防止に向けた取組について、経営会議は各種の再発防止策の報告を受けるにとどまり、再発防止策の有効性の検証や現金着服事件の再発に対する根本的な原因究明を指示していない。そのため、業務改善命令に基づく業務改善計画推進中に同種の不祥事件が毎年発生している（平成22年7月、26頁）。

●不祥事件の再発防止策に対する営業店職員の理解度について、理事会は、外部監査機関から、検証する必要性を指摘されているにもかかわらず、コンプライアンス統括部門に対応を指示していない。また、同部門は、渉外マニュアルの周知状況を確認するなどのフォローアップを行っていない（平成23年2月、43頁）。

▶関連法令等
　・法令等遵守態勢チェックリストⅡ．1(2)⑤、同2④、同Ⅲ．4
　・中小監督指針Ⅱ－3－1－1、同2

解　説

1　不祥事件再発防止策のモニタリング、フォローアップ

　プリンシプル・ベースの監督下においては金融機関の自助努力が重視される。不祥事件再発防止策についても、策定（Plan）、実施（Do）にとどまらず、その実施状況のモニタリング（Check）とフォローアップ（Act）を行い、常にPDCAサイクルを意識する必要がある。

　モニタリング、フォローアップの不足は、結果として不祥事件再発防止策の形骸化や運用の不徹底につながり、同種事案発生の原因となりかねない。

　不祥事件再発防止策を策定するに当たっては、同時に、その実施状況のモニタリングの時期や方法についても決定しておくべきであろう。

　また、不祥事件再発防止策は、数多く導入すればするほど、不祥事件の機会は減るものの、営業店における事務が煩瑣になる。

　不祥事件防止の要請と、営業店における事務効率のバランスを確保するためにも、防止策の実効性のモニタリングを行い、有効な施策には引き続き取り組む一方、実効性が低い施策は廃止する等の対応も柔軟に行われるべきであろう。

2　本事例の問題点

　本事例は、コンプライアンス委員会が、不祥事件に係る改善策の進捗状況

について半期毎に協議し、コンプライアンス統括部門に対して問題解消の指示を行うことが定められていたにもかかわらず、それを履行していなかった点を指摘するものである。

　本事例においては、不祥事件再発防止策の策定とともに、そのフォローアップについても定められていたにもかかわらず、それが履行されていなかったものである。不祥事件再発防止に率先して取り組むべきコンプライアンス委員会においてかかる問題が発生した点につき、厳しい評価を受けるおそれがあろう。

実務対応

　不祥事件の対応策を策定したあと、どこがそのモニタリングを行うのか、どこが経営陣に報告するのか、こういったことを決めていない金融機関が多いと思われる。

　そうすると、結果、だれもモニタリングしないという事態が発生することとなる。

　対応策はモニタリングにより、その有効性を確認できてはじめて有効なものになるのであり、それによって同様の不祥事件の発生を防ぐことができる。

　不祥事件に係る当局報告を提出する前にどこの部署がどの周期・期間、対応策のモニタリングを行うのか決定しておくべきであろう。

Ⅳ 反社会的勢力に係る管理態勢

1 金融機関における反社会的勢力排除の意義

　暴力団をはじめとする反社会的勢力は、組織実態を隠蔽する動きを強めるとともに、企業活動を装ったり、政治活動や社会運動を標榜したりする等、活動形態を不透明化させ、証券取引や不動産取引等様々な経済活動を通じて、資金獲得活動を巧妙化させている。

　断固たる態度で反社会的勢力との関係を遮断し排除していくことは、反社会的勢力の資金獲得活動に打撃を与えたり、マネー・ローンダリングを防止したりするなどの治安対策上極めて重要な意義を持ち、企業にとって社会的責任を果たす観点から必要かつ重要なことである。

　特に、公共性を有し、経済的に重要な機能を営む金融機関においては、金融機関自身や役職員のみならず、顧客等の様々なステークホルダーが被害を受けることを防止するため、反社会的勢力を金融取引から排除していくことが求められる。

2 反社会的勢力対応に関する社会情勢の変化

(1) 政府指針と監督指針の改正

　政府は、反社会的勢力が組織実態を隠蔽する動きを強め、活動形態においても不透明化を進展させ、資金獲得活動を巧妙化させているといった状況を受け、平成19年6月19日、犯罪対策閣僚会議幹事会申合せとして、「企業が反社会的勢力による被害を防止するための指針」[4]（以下「政府指針」という。）を発出した。

　かかる政府指針に法的拘束力はないとされているが、取締役の善管注意義

4　http://www.kantei.go.jp/jp/singi/hanzai/dai9/9siryou8_2.pdf 参照。

務の判断に際して、民事訴訟等の場において、本指針が参考にされることはあり得るものと考えられる（「企業が反社会的勢力による被害を防止するための指針に関する解説（以下「政府指針解説」という。）(1)本指針の対象や法的性格」参照）。

　金融庁としても、政府指針の基本的な考え方を踏襲して監督指針の改正を行い、「公共性を有し、経済的に重要な機能を営む金融機関においては、金融機関や役職員のみならず、顧客等の様々なステークホルダーが被害を受けることを防止するため、反社会的勢力を金融取引から排除していくことが求められる」と明記した（平成20年3月26日施行）。

> ＜政府指針＞
>
> 　近年、暴力団は、組織実態を隠ぺいする動きを強めるとともに、活動形態においても、企業活動を装ったり、政治活動や社会運動を標ぼうしたりするなど、更なる不透明化を進展させており、また、証券取引や不動産取引等の経済活動を通じて、資金獲得活動を巧妙化させている。
>
> 　今日、多くの企業が、企業倫理として、暴力団を始めとする反社会的勢力と一切の関係をもたないことを掲げ、様々な取組みを進めているところであるが、上記のような暴力団の不透明化や資金獲得活動の巧妙化を踏まえると、暴力団排除意識の高い企業であったとしても、暴力団関係企業等と知らずに結果的に経済取引を行ってしまう可能性があることから、反社会的勢力との関係遮断のための取組みをより一層推進する必要がある。
>
> 　言うまでもなく、反社会的勢力を社会から排除していくことは、暴力団の資金源に打撃を与え、治安対策上、極めて重要な課題であるが、企業にとっても、社会的責任の観点から必要かつ重要なことである。特に、近時、コンプライアンス重視の流れにおいて、反社会的勢力に対して屈することなく法律に則して対応することや、反社会的勢力に対して資金提供を行わないことは、コンプライアンスそのもので

あるとも言える。
　さらには、反社会的勢力は、企業で働く従業員を標的として不当要求を行ったり、企業そのものを乗っ取ろうとしたりするなど、最終的には、従業員や株主を含めた企業自身に多大な被害を生じさせるものであることから、反社会的勢力との関係遮断は、企業防衛の観点からも必要不可欠な要請である。

　＜中小監督指針Ⅱ－3－1－4－1　意義＞
　反社会的勢力を社会から排除していくことは、社会の秩序や安全を確保する上で極めて重要な課題であり、反社会的勢力との関係を遮断するための取組みを推進していくことは、企業にとって社会的責任を果たす観点から必要かつ重要なことである。特に、公共性を有し、経済的に重要な機能を営む金融機関においては、金融機関自身や役職員のみならず、顧客等の様々なステークホルダーが被害を受けることを防止するため、反社会的勢力を金融取引から排除していくことが求められる。
　もとより金融機関として公共の信頼を維持し、業務の適切性及び健全性を確保するためには、反社会的勢力に対して屈することなく法令等に則して対応することが不可欠であり、金融機関においては、「企業が反社会的勢力による被害を防止するための指針について」（平成19年6月19日犯罪対策閣僚会議幹事会申合せ）の趣旨を踏まえ、平素より、反社会的勢力との関係遮断に向けた態勢整備に取り組む必要がある。
　特に、近時反社会的勢力の資金獲得活動が巧妙化しており、関係企業を使い通常の経済取引を装って巧みに取引関係を構築し、後々トラブルとなる事例も見られる。こうしたケースにおいては経営陣の断固たる対応、具体的な対応が必要である。
　なお、従業員の安全が脅かされる等不測の事態が危惧されることを

> 口実に問題解決に向けた具体的な取組みを遅らせることは、かえって金融機関や役職員自身等への最終的な被害を大きくし得ることに留意する必要がある。

(2) 暴力団排除条項の導入

　暴力団をはじめとする反社会的勢力が、その正体を隠して企業に接近し、取引関係に入った後で、不当要求やクレームの形で金品等を要求する手口がみられる。また、相手方が不当要求等を行わないとしても、暴力団の構成員又は暴力団と何らかのつながりのある者と契約関係を持つことは、暴力団との密接な交際や暴力団への利益供与の危険を伴うものである。

　政府指針解説「(5)　契約書及び取引約款における暴力団排除条項の意義」「(6)　不実の告知に着目した契約解除」においても、こうした事態を回避するためには、企業が社内の標準として使用する契約書や取引約款に暴力団排除条項（なお、「暴力団」のみならず「反社会的勢力」を排除するものである。）を盛り込むことが望ましいとされている。

　かかる暴排条項は、反社会的勢力排除に向けた宣言機能、反社会的勢力との取引の予防機能、取引後の排除機能、裁判規範としての機能等を有するものとされ、反社会的勢力排除のための有効なツールとされている。

　一般社団法人全国銀行協会（以下「全銀協」という。）は、平成20年11月25日、銀行取引約定書に盛り込む暴力団排除条項（以下「暴排条項」という。）の参考例を制定し、平成21年9月24日には、普通預金規定、当座勘定規定及び貸金庫規定に盛り込む暴排条項の参考例を制定した。

　また、全銀協は、平成23年6月2日、東日本大震災の復興事業への参入の動きなど、暴力団を中核とする反社会的勢力が暴力団の共生者等を利用しつつ不正に融資等を受けることにより資金獲得活動を行っている実態に対して、より適切かつ有効に対処するため、融資取引及び当座勘定取引における暴排条項の参考例を改正した。

　なお、監督指針では、「必要に応じて」暴力団排除条項を導入するとされているが（中小監督指針Ⅱ－3－1－4－2(1)）、これは、各金融機関におい

て、社会的要請等も踏まえた上で、各契約への当該条項の導入の必要性を適切に判断し、自らの業務の特性等に応じた十分な態勢整備を行っていく趣旨で記載されたものと考えられる。

　ただし、後述のとおり、例えば、東京都暴力団排除条例（18条2項）のように、事業者が事業に係る契約を書面により締結する場合には、当該事業に係る契約の相手方、または代理もしくは媒介をする者が暴力団関係者であることが判明した場合には、当該事業者は催告することなく当該事業に係る契約を解除することができること等の特約を契約書その他の書面に定める義務（暴排条項規定義務）が定められている例があること、また、反社会的勢力対応に関する近時の世論の状況を踏まえれば、金融機関としては、一定の取引において暴排条項を設ける必要があると考えるべきであろう。

(3)　暴力団排除条例の施行

　平成23年10月1日から東京都暴力団排除条例が施行され、他の全ての都道府県においても同日までに同様の暴力団排除条例が施行されている。

　反社会的勢力への対応については、これまで必ずしも明確な法令上の根拠が存しない点が多くみられたが、暴力団排除条例の施行により、同条例に定められた範囲では法令上の義務として明確化された。

　暴力団排除条例の規定内容は各自治体によって様々であるが、一般的な条項のうち、金融取引に関係の深い条項をピックアップすれば、事業者による利益供与の禁止と、事業者による契約締結時の措置として、暴排条項導入義務、属性確認義務等がある。

　東京都暴力団排除条例における各義務は、以下のとおり定められている。

＜東京都暴力団排除条例＞
第18条（事業者の契約時における措置）
　　事業者は、その行う事業に係る契約が暴力団の活動を助長し、又は暴力団の運営に資することとなる疑いがあると認める場合には、当該事業に係る契約の相手方、代理又は媒介をする者その他の関係者が暴力団関係者でないことを確認するよう努めるものとする。

Ⅳ　反社会的勢力に係る管理態勢

2　事業者は、その行う事業に係る契約を書面により締結する場合には、次に掲げる内容の特約を契約書その他の書面に定めるよう努めるものとする。
　一　当該事業に係る契約の相手方又は代理若しくは媒介をする者が暴力団関係者であることが判明した場合には、当該事業者は催告することなく当該事業に係る契約を解除することができること。
　二　工事における事業に係る契約の相手方と下請負人との契約等当該事業に係る契約に関連する契約（以下この条において「関連契約」という。）の当事者又は代理若しくは媒介する者が暴力団関係者であることが判明した場合には、当該事業者は当該事業に係る契約の相手方に対し、当該関連契約の解除その他必要な措置を講ずるよう求めることができること。
　三　前号の規定により必要な措置を講ずるよう求めたにもかかわらず、当該事業に係る契約の相手方が正当な理由なくこれを拒否した場合には、当該事業者は当該事業に係る契約を解除することができること。

第24条（事業者の規制対象者等に対する利益供与の禁止等）
　事業者は、その行う事業に関し、規制対象者が次の各号のいずれかに該当する行為を行うこと又は行ったことの対償として、当該規制対象者又は当該規制対象者が指定した者に対して、利益供与をしてはならない。
　一　暴力的不法行為等
　二　当該規制対象者が暴力団員である場合において、当該規制対象者の所属する暴力団の威力を示して行う法第9条各号に掲げる行為
　三　暴力団員が当該暴力団員の所属する暴力団の威力を示して行う法第9条各号に掲げる行為を行っている現場に立ち会い、当該行為を助ける行為
2　規制対象者は、事業者が前項の規定に違反することとなることの

> 情を知って、当該事業者から利益供与を受け、又は当該事業者に当該規制対象者が指定した者に対する利益供与をさせてはならない。
> 3　事業者は、第1項に定めるもののほか、その行う事業に関し、暴力団の活動を助長し、又は暴力団の運営に資することとなることの情を知って、規制対象者又は規制対象者が指定した者に対して、利益供与をしてはならない。ただし、法令上の義務又は情を知らないでした契約に係る債務の履行としてする場合その他正当な理由がある場合には、この限りでない。
> 4　規制対象者は、事業が前項の規定に違反することとなることの情を知って、当該事業者から利益供与を受け、又は当該事業者に当該規制対象者が指定した者に対する利益供与をさせてはならない。

　これらの義務のうち、事業者による利益供与の禁止（東京都暴力団排除条例24条）は、違反行為に対する勧告、公表、命令、罰則等が定められている一方で、事業者による契約締結時の措置（東京都暴力団排除条例18条）については、努力義務として課されている。

3　反社会的勢力のとらえ方

　反社会的勢力はその形態が多様であり、社会情勢等に応じて変化し得ることから、金融検査マニュアル、監督指針において、反社会的勢力の具体的な定義・範囲は記載していない。

　政府指針においては、反社会的勢力について「暴力、威力と詐欺的手法を駆使して経済的利益を追及する集団又は個人である『反社会的勢力』をとらえるに際しては、暴力団、暴力団関係企業、総会屋、社会運動標ぼうゴロ、政治活動標ぼうゴロ、特殊知能暴力集団等といった属性要件に着目するとともに、暴力的な要求行為、法的な責任を超えた不当な要求といった行為要件にも着目することが重要である」旨記載しており、このような「属性要件」と「行為要件」に着目して定義を行うことが有用と考えられる。

　反社会的勢力の定義付けの参考となるのが、全銀協の暴排条項参考例であ

る。全銀協の暴排条項参考例においては、共生者や元暴力団員も排除対象とすることを明確化し、排除の対象として、暴力団、暴力団員、暴力団準構成員、暴力団関係企業、総会屋等、社会運動等標ぼうゴロ、特殊知能暴力集団等に加えて、「共生者」類型（1項1号から5号）を設け、また、元暴力団員につき5年要件（暴力団員でなくなった時から5年を経過しない者）を設けている。

> ＜全銀協　銀行取引約定書および当座勘定規定に盛り込む暴排条項の参考例＞
> 第○条（反社会的勢力の排除）
> ①　私または保証人は、現在、暴力団、暴力団員、暴力団員でなくなった時から5年を経過しない者、暴力団準構成員、暴力団関係企業、総会屋等、社会運動等標ぼうゴロまたは特殊知能暴力集団等、その他これらに準ずる者（以下これらを「暴力団員等」という。）に該当しないこと、および次の各号のいずれにも該当しないことを表明し、かつ将来にわたっても該当しないことを確約いたします。
> 1．暴力団員等が経営を支配していると認められる関係を有すること
> 2．暴力団員等が経営に実質的に関与していると認められる関係を有すること
> 3．自己、自社もしくは第三者の不正の利益を図る目的または第三者に損害を加える目的をもってするなど、不当に暴力団員等を利用していると認められる関係を有すること
> 4．暴力団員等に対して資金等を提供し、または便宜を供与するなどの関与をしていると認められる関係を有すること
> 5．役員または経営に実質的に関与している者が暴力団員等と社会的に非難されるべき関係を有すること
> ②　私または保証人は、自らまたは第三者を利用して次の各号の一にでも該当する行為を行わないことを確約いたします。
> 1．暴力的な要求行為

>   2．法的な責任を超えた不当な要求行為
>   3．取引に関して、脅迫的な言動をし、または暴力を用いる行為
>   4．風説を流布し、偽計を用いまたは威力を用いて貴行の信用を毀損し、または貴行の業務を妨害する行為
>   5．その他前各号に準ずる行為
>
>   （以下、略）

4　反社会的勢力対応に係る論点

　これまで述べたとおり、反社会的勢力への対応に関する社会情勢は目まぐるしく変化している。

　預金取扱金融機関においては、他の業種に比して早い段階から反社会的勢力への対応に取り組んできたことから、その取組は一歩進んだ印象があるが、社会情勢の変化を踏まえ、常に自行の態勢整備が十分かを検証しておく必要がある。

　以下、金融機関における反社会的勢力対応の論点として、反社会的勢力データベースの構築、反社会的勢力の取引のモニタリング、反社会的勢力との取引解消等に関する指摘事例を紹介し、態勢整備のヒントを探る。

■ 反社会的勢力データベースに関する指摘

> ＜平成23年2月、47頁＞
> （規模・特性等）
> ・信用金庫及び信用組合、大規模
> 【検査結果】
> ・反社会的勢力に関する情報の収集・登録について、理事会は、暴力団等関係者の範囲についての十分な検討を行っておらず、当該関係者として規定する範囲を明確にしていない。

> このため、同勢力リストに関し、暴力団構成員の関連企業等の代表者及び役員を同勢力として登録していない事例等が認められる。
> また、コンプライアンス統括部門は、営業店に対して既登録先に係る関連情報の調査の指示や登録データの検証等を行っていない。

▶参考事例
- コンプライアンス統括部門は、営業店等から報告を受けた反社会的勢力の情報を十分に分析しておらず、「反社会的勢力リスト」に、営業エリアに本拠を置く指定暴力団の二次団体を登録していない事例が認められる（平成24年8月、59頁）。
- 反社会的勢力が役員を務める企業が同リストに登録されないまま、当該企業と当座預金の取引を行っている事例（平成23年2月、47頁）。
- 総務部門は、反社会的勢力への該当性の有無の認定において、住所や電話番号等を同じくする取引先の名寄せ管理を行っていない。このため、反社会的勢力としてデータ登録が行われていない預金口座が多数認められる（平成23年7月、54頁）。

▶関連法令等
・企業が反社会的勢力による被害を防止するための指針2(2)
・企業が反社会的勢力による被害を防止するための指針に関する解説(11)
・法令等遵守態勢チェックリストⅢ.3②
・中小監督指針Ⅱ-3-1-4-2(2)②

解　説

1　反社会的勢力データベースの重要性

　反社会的勢力との関係遮断においては、取引の相手方が暴力団等の反社会的勢力であるか否かを審査することが第一歩となる。

　反社会的勢力データベースについては、政府指針、政府指針解説及び監督指針でも整備を求める旨の記載があり、また、金融検査マニュアル（法令等

遵守態勢チェックリストⅢ3②(i)) においても、反社会的勢力情報の収集・分析及び一元的管理を行う体制の整備等を求めているところである。

さらに、各都道府県の暴力団排除条例においても、契約の相手方等が暴力団関係者でないことを確認する努力義務が定められている例が多く（東京都暴力団排除条例第18条1項、福岡県暴力団排除条例17条等）、反社会的勢力データベースの構築は、金融機関にとって必須の取組といえる。

反社会的勢力データベースについては、全銀協から公知情報及び属性情報の提供が行われているが、提供される情報の範囲が限定されている場合もあり、個々の金融機関における情報収集は依然として必要である。特に、営業店が業務上で認識した「生の情報」の重要性は高い。

2 本事例の問題点

反社会的勢力データベースの構築に際して問題となりやすいのが、いわゆる共生者の取扱いである。

この点、平成23年6月2日、全銀協が融資取引及び当座勘定取引における暴力団排除条項の参考例を見直し、共生者や元暴力団員も排除対象とすることを明確化しており、今後、反社会的勢力データベースにおける共生者等に関する情報の重要性は高まっていくことが推察される。

本件は、「暴力団等関係者」の範囲についての検討不足から、暴力団構成員の関連企業等の代表者や役員を反社会的勢力登録していない点を指摘するものである。当該指摘の事実関係に不明確な点は残るが、暴力団構成員が経営を支配している企業の代表者や役員等は、反社会的勢力の共生者であることが通常であり、少なくとも反社会的勢力登録の要否を検討することが必要となろう。

また、同種の指摘事例として、反社会的勢力が役員を務める企業が反社会的勢力データベースに登録されず当座預金取引を行っている事例、反社会的勢力と同一住所の顧客に対して与信取引を行っている事例等が挙げられる。

金融機関としては、反社会的勢力データベースに機械的に情報を蓄積し、取引時の審査に利用するのみならず、蓄積された情報を多角的に利用してモ

ニタリングに取り組むことが求められていると考えられる。

> **実務対応**
>
> 　反社会的勢力に係る管理のベースは「反社会的勢力に係るデータベース」であることに異論はないであろう。
>
> 　問題は、そのデータベースの管理、質、運用である。
>
> 　例えば、データベースの「質」について取り上げてみよう。
>
> 　データベースについていえば、その「質」が高ければ高いほど取引拒否に係る訴訟リスクを低減させることができる。また、誤って反社会的勢力と取引を行ってしまうリスクも少なくなる。
>
> 　一方、データベースの構築には容量の問題など一定の限度があることも事実である。
>
> 　そうした場合、どうするのか。
>
> 　容量の問題で金融機関としてデータの取得を制限してもいいのか。
>
> 　否、昨今の社会的要請を考慮すればそういったこともできないであろう。
>
> 　やはり、費用をかけてでもデータベースの充実を図ってほしいというのが社会、ステークホルダーの要請である。
>
> 　つまり、データベースはより幅広く、より正確な情報を持っていることが重要になる。
>
> 　また、よく聞く議論として、データの登録については営業エリア内だけでいいのではないのかといった議論があるが、いつ、エリア外の反社会的勢力がエリア内に居住し、取引を依頼してくるか分からない状況であれば、そういった対応を行うリスクは高いことを認識すべきであろう。
>
> 　少なくとも営業エリアの近隣都道府県については情報を入手できるような態勢構築を早急に行う必要があろう。
>
> 　また、取得した情報は対顧客業務のみならず、自金融機関の出入業者等各種管理面でも活用する必要がある。

■ 反社会的勢力へのモニタリングに関する指摘

<平成22年7月・別冊4、10頁>
・コンプライアンス統括部門は、非対面取引における一定額以上の取引等をシステム抽出しモニタリングを行っているが、反社会的勢力が保有する預金口座についても一般の預金口座と同様の方法で行っており、属性に着目したモニタリングを行っていない。
このため、反社会的勢力データベースの登録者間での資金移動等、疑わしい取引の届出を要する取引が認められるにもかかわらず、事務部門はこれらの取引を把握していない。[地域銀行]

▶参考事例
● 預金口座の不正利用防止のための検索システムで繰り返し抽出されている預金口座において、顔見知りの顧客であるとの理由のみで取引内容を調査せず、口座凍結の必要性の検討も行っていない事例（平成22年7月、23頁）。

▶関連法令等
・企業が反社会的勢力による被害を防止するための指針に関する解説(4)
・法令等遵守態勢チェックリストⅢ．3②
・中小監督指針Ⅱ－3－1－4－2(1)

解　説

1　反社会的勢力に対するモニタリング

金融機関は、反社会的勢力とは一切の関係を持たず、反社会的勢力であることを知らずに関係を有してしまった場合でも、相手方が反社会的勢力であることが判明した時点で、可能な限り速やかに関係を解消することが重要である。

もっとも、現状では、各金融機関において反社会的勢力との取引も相当数

存在し、また、暴力団排除条項を導入する以前から継続する取引も存在するなど、現実の対応として、反社会的勢力との取引全てについて直ちに契約を解除することが困難な場合も少なくない。

　また、反社会的勢力に関しても、普通預金口座の開設については、個人の日常生活に必要な範囲内である等反社会的勢力を不当に利するものではないと合理的に判断される場合にまで、一律に排除を求めるものではないとの見解がパブリック・コメントで示されており[5]、少なくとも既存預金口座について、直ちに全ての取引解消を求められるものではないと考えられる。

　しかしながら、反社会的勢力の有する預金口座は、その属性上、マネー・ローンダリングやその他の犯罪行為に利用されるリスクが高く、金融機関としては、属性に応じて適切なモニタリングを行い、反社会的勢力を不当に利するものであると判明した時点で、速やかに疑わしい取引の届出を行うとともに関係解消に向けたアクションをとる必要がある。

　したがって、反社会的勢力の有する預金口座については、他の預金口座に比してモニタリングの頻度や基準を厳格にするといった対応をとることが望ましい。また、ブラック先の有する預金口座については、一定の期間ごとに預金口座内の金員の異動を網羅的に検証するといった取組も有効であろう。

2　本事例の問題点

　本事例は、反社会的勢力が保有する預金口座についても一般の預金口座と同様の方法でモニタリングを行うにとどまり、結果として、反社会的勢力データベース登録者間での資金移動等を把握できていなかったケースである。

　反社会的勢力による取引は、犯罪収益に関連する場合が多く、反社会的勢力以外の者が行っても問題とならない取引でも、その属性に鑑みれば疑わしい取引として届出を要する場合があることに留意が必要である（疑わしい取引の参考事例「預金取扱金融機関」42参照）。

---

[5] 平成20年3月26日付パブコメ結果 No30,31

また、参考事例のように、反社会的勢力の預金口座でなくとも、口座不正利用防止のシステム上で繰り返し抽出されるような預金口座を有する顧客については、取引内容を個別に確認するなどの対応が必要となろう。

実務対応

　いわゆる反社会的勢力に係る口座について、モニタリングを実施する場合は、一般口座より慎重かつ深度を上げて行う必要がある。事例のように反社会的勢力の預金口座でなくとも、口座不正利用防止のシステム上で繰り返し抽出されるような預金口座については、モニタリング基準の厳格化などの措置が必要であろう。

　いずれにせよ、反社会的勢力に係る口座及びその疑いのある口座についてはモニタリング手法のPDCAをより適切に実施していく必要がある。

■ 反社会的勢力との取引解消に関する指摘

＜平成22年7月・別冊4、11頁＞
・コンプライアンス委員会は、営業店における反社会的勢力とのカードローン取引に関する取引状況を把握していないことから、回収方針を策定していない。
　このため、営業店において、契約の更新時に取引解消の検討を行うことなく、極度枠を継続している事例が認められる。［地域銀行］

▶参考事例
●コンプライアンス委員会は、反社会的勢力との取引先数や与信残高についてコンプライアンス統括部門から報告を受けているものの、反社会的勢力への与信に係る条件変更の実施状況を報告させていない。こうした中、反社会的勢力からの条件変更の申込みについては、原則、謝絶する対応方針

としているにもかかわらず、同部門においては、厳格に対応していない事例が認められる（平成24年8月、59～60頁）。
● コンプライアンス統括部門は、営業店が反社会的勢力と明確に認識している先に対して、優遇金利を付した定期預金を受け入れ、実質的に便宜供与を行うことを容認している。また、担当役員は、取引開始後においても、同部門及び営業店に対して、取引の解消に向けた具体的な対応策の検討を指示していない（平成24年2月、46頁）。
● 反社会的勢力について、証書貸付が延滞状態であるにもかかわらず、期限の利益を喪失させることを検討せず、手形貸付の期限延長に応じている。同勢力の関連先についても、長期延滞状態であるにもかかわらず、期限の利益を喪失させることを検討せず、返済額を大幅に減額する条件変更に応じている（平成22年7月・別冊4、3～4頁）。

▶関連法令等
・企業が反社会的勢力による被害を防止するための指針に関する解説(4)
・法令等遵守態勢チェックリストⅢ.3②③
・中小監督指針Ⅱ－3－1－4－2(1)

解　説

1　反社会的勢力との既存取引解消

　反社会的勢力との既存取引解消について優先順位を付けることは許容されると考えられる。

　取引解消の優先順位決定に際しては、当該取引が反社会的勢力に利用されるリスクの程度を最も優先的に考慮すべきであるが、同時に、金融機関としては、取引解消に伴う訴訟や紛争のリスクを可能な限り低減することが望ましい。

　かかる観点からは、反社会的勢力との既存取引について、期限到来時や契約更新時は、原則として契約自由の原則が妥当する場面であることから、反社会的勢力との取引解消の重要な機会である。

かかる機会を漫然と看過し、反社会的勢力との取引解消の検討を行わなかった場合には、反社会的勢力との取引解消に向けた取組が不十分であるとの評価を受けるおそれがある。

2　本事例の問題点

本事例は、反社会的勢力に対するカードローン取引について、契約更新時に取引解消の検討を行わなかった点を指摘するものである。カードローン取引は、無担保であり、資金使途も定められていないことから、取引解消の要請は相応に高い。

また、参考事例として、反社会的勢力やその関連先について、手形貸付の期限延長や返済条件の変更に応じた例を挙げた。

かかる条件変更等についても、反社会的勢力に対する期限の利益や金利の減免等の利益を与えるものであり、原則として謝絶するべき場面であると考える。

なお、中小企業者等に対する金融の円滑化を図るための臨時措置に関する法律第4条、第5条の努力義務を踏まえても、同法の趣旨は反社会的勢力を利するところにはないと考えられ、かかる対応が否定されるものではない。

実務対応

実務の観点からは、反社会的勢力と機械的に取引を遮断することについては慎重にならざるを得ず、ましてやその先が与信先であればなおさら慎重に行う必要があろう。

金融機関として、当然のことながら反社会的勢力との取引を遮断しなければならないが、一方でその態勢を構築していくことはなかなか難しい点も多い。

相手が明らかに「反社会的勢力」で警察当局も協力姿勢を示しているような取引先であれば、取引遮断のための手順等を策定、決定し取引遮断を行っていくべきであろう。

一方、取引遮断がすぐに実施できないのであれば、少なくとも与信取引

> 先についての取引解消方針につき、自金融機関内で組織決定し、その方針に則って対応していくことはミニマムスタンダードとして、実施しておくべきであろう（当然のことながらその組織決定する際は、取締役会、理事会等のレベルで行われるべきであろう）。

第3章

顧客保護等管理態勢

I　顧客説明管理

1　顧客説明における基本原則の概論

(1)　(狭義の) 適合性原則

　一般に、「(狭義の) 適合性原則」とは、「ある特定の利用者に対しては、どんなに説明を尽くしても一定の商品の勧誘・販売を行ってはならない」という行為規範をいう。

　そして、金融機関が顧客の適合性を判断するに当たっては、具体的な商品特性との相関関係において、顧客の知識、経験、投資目的、財産の状況等の諸要素を総合的に考慮する必要がある（最判平成17年7月14日金融法務事情1762号41頁等）。

　例えば、金融商品取引について高度な知識・経験を有しない顧客に対して複雑な商品を勧誘することや、顧客の資産状況に照らして過当な取引を勧誘することは禁止される（岸田雅雄監修『注釈金融商品取引法第2巻』374頁以下（金融財政事情研究会、平成21年10月））。

(2)　説明義務 (広義の適合性原則)

　一般投資家と金融機関との間には、知識、経験、情報収集能力、分析能力等に格段の差が存在することから、金融機関は、一般投資家である顧客を金融取引に勧誘するに当たり、信義則上（民法第1条第2項）、当該投資商品の仕組みや危険性等について、顧客の知識、経験、投資目的、財産の状況等に照らして、当該顧客に理解されるために必要な方法及び程度によって説明を行う義務を負うとされている（東京地判平成21年3月31日判時2060号102頁、大阪高判平成20年6月3日金融・商事判例1300号45頁、大阪高判平成7年4月20日判タ885号207頁等）。

(3)　融資における説明責任等

　前記の「(狭義の) 適合性原則」及び説明義務（広義の適合性原則）は、一

般に、いわゆるリスク商品について適用されるものであり、融資においては直接適用されるものではない。

　しかし、銀行法は、銀行がその営む業務の内容及び方法に応じ、顧客の知識、経験、財産の状況及び取引を行う目的を踏まえた重要な事項の顧客に対する説明等を確保するための措置に関する社内規則等を定めるとともに、従業員に対する研修その他の当該社内規則等に基づいて業務が運営されるための十分な体制を整備しなければならない旨規定しており（銀行法第12条の2第2項、銀行法施行規則第13条の7）、融資契約においても、顧客の知識、経験等に応じ、その理解と納得を得ることを目的とした説明を行う態勢を整備することが求められている（中小監督指針Ⅱ－3－2－1、顧客保護等管理態勢チェックリストⅢ.2.(2)③）。

2　（狭義の）適合性原則

■顧客の適合性の確認等が不十分である事例①

＜平成23年7月、58頁＞
　仕組預金の販売について、当行は、不祥事件の発生を受け、適合性の確認を実施する際に、顧客の取引額と顧客管理システム上の金融資産額の整合性の確認を行い、個々の取引額の金融資産に占める割合が一定割合以上になる場合には、個別適合性について営業店長の承認を得ることとしている。
　しかしながら、以下のような問題点が認められる。
・顧客から金融資産に占める仕組預金の割合が一定割合以上であると申告を受けているにもかかわらず、営業担当者が、一定割合未満であると偽った上、個別適合性申請を行わずに仕組預金を販売している事例が認められる。
・個別適合性確認の基準となる顧客管理システム上の金融資産額について、変更する場合は支店長の承認が必要となるが、営業担当者

は、承認を得ずに変更し取引を行っている事例など、不適切な業務運営が依然として認められる。
・高齢者に対する仕組預金等の販売については、内部規程に基づき、営業店長等が取引後にコールバックを行い、購入者本人が、商品リスク等を理解しているか電話で確認することとしている。
　　しかしながら、コールバック時に、購入者本人であるかの確認を行っていないほか、コールバック記録上、リスクの理解度の確認を行ったとしているにもかかわらず、実際は全く確認していない事例が認められる。
・適合性確認について、当行は、内部規程において、適合性チェックシートを使用し確認するほか、高齢者顧客に関しては、個別適合性申請を行い、支店長の承認を得て、販売することとしている。
　　しかしながら、顧客説明管理部門による内部規程の周知徹底や担当課のチェック機能が不十分であることから、適合性チェックシートを作成していない事例や、高齢者に対する個別適合性申請が未承認のまま取引を行っている事例等が認められる。

▶参考事例

[適合性原則]

●営業推進部門が、「適合性判定チェックシート」が投資対象商品のリスクレベルに応じて適切なリスク判定を行うものとなっていないといった問題点を認識しているにもかかわらず、当該チェックシートの見直しも行っていないことから、顧客がリスクの低い商品を要望しているにもかかわらず、営業店において、適切なリスク判定を行うことができないまま、為替リスクを受けやすい外国債券型投資信託商品を販売している事例（平成24年8月、65～66頁）。

●顧客の投資能力レベルを判定する際に、販売したい投資信託の銘柄を告げ、商品のリスクレベルに合致した回答を示唆・誘導することにより商品を販売するなど、リスクプロファイリングの手続を形骸化させ、適合性の

原則に違反している事例（平成24年2月、50頁）。

[高齢者販売]
- 営業推進部門は、高齢者との取引については、顧客の理解度を再度確認するとともに、その内容を記録するなどの対応を図っているが、営業店に対する周知徹底が不足しているほか、臨店指導も不十分であることから、高齢者への再確認時における記録漏れが認められる事例（平成24年8月、65頁）。
- 高齢者への保険勧誘・販売については、配偶者を除く推定相続人の同席と銀行の内部管理責任者又は営業責任者の同席がある場合には販売を可としており、両責任者が同席できない「やむを得ない理由」がある場合には、他の役席の同席があれば販売を可としているが、「面談記録票」の記載が不十分であること等から、営業店において、両責任者の同席ができない「やむを得ない理由」が判別できない事例（平成24年2月、48頁）。
- 顧客説明管理責任者が、営業店に対して、適切な顧客勧誘や、販売時の顧客説明が行われているかどうかを、確認するよう指示していないことから、営業店における高齢者に対する商品説明や重要事項説明時において、規程に反して顧客の家族の同伴を求めていない事例（平成24年2月、51頁）。

＜関係法令等＞
- 顧客保護等管理態勢チェックリストⅢ．２．(1)③、同２(2)①
- 中小監督指針Ⅱ－３－２－５－２(3)③等
- 銀行法13条の４、銀行法施行規則14条の11の４等

解　　説

1　仕組預金に係る勧誘基準等

店頭デリバティブ取引に類する複雑な仕組みを有する仕組預金[1]を受け入

---

[1] 仕組預金とは、特定預金等のうち金融商品取引法第２条第20項に規定するデリバティブ取引又は商品先物取引法第２条第15項に規定する商品デリバティブ取引を組み込んだ預金をいう。

れるときには、以下の態勢が整備されているかに留意するものとされている（中小監督指針Ⅱ－3－2－5－2(3)③）。

イ．複雑な仕組預金に関する注意喚起文書の配布に係る留意事項

　ⅰ）リスクに関する注意喚起、ⅱ）トラブルが生じた場合の指定ADR機関等の連絡先等を分かりやすく大きな文字で記載した簡明な文書（注意喚起文書）を配布し、顧客属性等に応じた説明を行うことにより、顧客に対する注意喚起を適切に行っているか。また、その実施状況を適切に確認できる態勢となっているか。

ロ．複雑な仕組預金の勧誘に係る留意事項（合理的根拠適合性・勧誘開始基準）

　個人顧客に対して複雑な仕組預金の勧誘を行うにあたっては、顧客保護の充実を図る観点から、適合性原則等に基づく勧誘の適正化を図ることが重要であり、例えば、以下の点に留意して検証することとする。

・顧客へ提供する仕組預金としての適合性（合理的根拠適合性）の事前検証を行っているか。

・仕組預金のリスク特性や顧客の性質に応じた勧誘開始基準を適切に定め、当該基準に従い適正な勧誘を行っているか。

ハ．複雑な仕組預金のリスク説明に関する留意事項

　複雑な仕組預金のリスク説明の監督上の着眼点については、「金融商品取引業者向けの総合的な監督指針」の「Ⅳ－3－3－2勧誘・説明態勢(6)」を参照するものとする。

Ⅳ－3－3－2勧誘・説明態勢(6)

　店頭デリバティブ取引業者が、例えば通貨オプション取引・金利スワップ取引等の店頭デリバティブ取引を行うときには、以下のような点に留意しているか。

（注）金融商品取引業者が、店頭デリバティブ取引に類する複雑な仕組債・投資信託の販売を行う場合についても、準じた取扱いとしているかに留意するものとする。

① 当該店頭デリバティブ取引の商品内容やリスクについて、例えば、以下のような点を含め、具体的に分かりやすい形で解説した書面を交付する等の方法により、適切かつ十分な説明をしているか。

イ．当該店頭デリバティブ取引の対象となる金融指標等の水準等（必要に応じてボラティリティの水準を含む。以下同じ。）に関する最悪のシナリオ（過去のストレス時のデータ等合理的な前提を踏まえたもの。以下同じ。）を想定した想定最大損失額について、前提と異なる状況になればさらに損失が拡大する可能性があることも含め、顧客が理解できるように説明しているか。

ロ．当該店頭デリバティブ取引において、顧客が許容できる損失額及び当該損失額が顧客の経営又は財務状況に重大な影響を及ぼさないかを確認し、上記の最悪シナリオに至らない場合でも許容額を超える損失を被る可能性がある場合は、金融指標等の状況がどのようになれば、そのような場合になるのかについて顧客が理解できるように説明しているか。

ハ．説明のために止むを得ず実際の店頭デリバティブ取引と異なる例示等を使用する場合は、当該例示等は実際の取引と異なることを説明しているか。

② 当該店頭デリバティブ取引の中途解約及び解約清算金について、例えば、以下のような点を含め、具体的に分かりやすい形で解説した書面を交付する等の方法により、適切かつ十分な説明をしているか。

（注）例えば、仕組債の販売の場合には、「中途解約」を「中途売却」と、「解約清算金」を「中途売却に伴う損失見込額」とそれぞれ読み替えるものとする。なお、下記ロ．について、中途売却に伴う損失見込額の試算が困難である場合でも、可能な限り、最悪のシナリオを想定した説明がされることが望ましい。

イ．当該店頭デリバティブ取引が原則として中途解約できないものである場合にはその旨について、顧客が理解できるように説明し

ているか。
　　ロ．当該店頭デリバティブ取引を中途解約すると解約清算金が発生する場合にはその旨及び解約清算金の内容（金融指標等の水準等に関する最悪シナリオを想定した解約清算金の試算額及び当該試算額を超える額となる可能性がある場合にはその旨を含む。）について、顧客が理解できるように説明しているか。
　　ハ．当該店頭デリバティブ取引において、顧客が許容できる解約清算金の額を確認し、上記の最悪シナリオに至らない場合でも許容額を超える損失を被る可能性がある場合は、これについて顧客が理解できるよう説明しているか。
③　提供する店頭デリバティブ取引がヘッジ目的の場合、当該取引について以下が必要であることを顧客が理解しているかを確認し、その確認結果を踏まえて、適切かつ十分な説明をしているか。
　　イ．顧客の事業の状況や市場における競争関係を踏まえても、継続的な業務運営を行う上で有効なヘッジ手段として機能すること（注1）。
　　ロ．上記に述べるヘッジ手段として有効に機能する場面は、契約終期まで継続すると見込まれること（注2）。
　　ハ．顧客にとって、今後の経営を見通すことがかえって困難とすることにならないこと（注3）。
　　（注1）　例えば、為替や金利の相場が変動しても、その影響を軽減させるような価格交渉力や価格決定力の有無等を包括的に判断することに留意する。
　　（注2）　例えば、ヘッジ手段自体に損失が発生していない場合であっても、前提とする事業規模が縮小されるなど顧客の事業の状況等の変化により、顧客のヘッジニーズが左右されたりヘッジの効果がそのニーズに対して契約終期まで有効に機能しない場合があることに留意する。
　　（注3）　ヘッジによる仕入れ価格等の固定化が顧客の価格競争力に影響を及ぼし得る点に留意する。

④ 上記①から③までに掲げる事項を踏まえた説明を受けた旨を顧客から確認するため、例えば顧客から確認書等を受け入れ、これを保存する等の措置をとっているか。

⑤ 不招請勧誘の禁止の例外と考えられる先に対する店頭デリバティブ取引の勧誘については、法令を踏まえたうえ（注）、それまでの顧客の取引履歴などによりヘッジニーズを確認し、そのニーズの範囲内での契約を勧誘することとしているか。

（注） 不招請勧誘の禁止の例外とされている「外国貿易その他の外国為替取引に関する業務を行う法人」（金商業等府令第116条第１項第２号）には、例えば、国内の建設業者が海外から材木を輸入するにあたって、海外の輸出者と直接取引を行うのではなく、国内の商社を通じて実態として輸出入を行う場合は含まれるが、単に国内の業者から輸入物の材木を仕入れる場合は含まれないことに留意する必要がある。

⑥ 顧客の要請があれば、定期的又は必要に応じて随時、顧客のポジションの時価情報や当該時点の解約清算金の額等を提供又は通知する等、顧客が決算処理や解約の判断等を行うために必要となる情報を適時適切に提供しているか。

⑦ 当該店頭デリバティブ取引に係る顧客の契約意思の確認について、契約の内容・規模、顧客の業務内容・規模・経営管理態勢等に見合った意思決定プロセスに留意した意思確認を行うことができる態勢が整備されているか。例えば、契約しようとする店頭デリバティブ取引が顧客の今後の経営に大きな影響を与えるおそれのある場合、当該顧客の取締役会等で意思決定された上での契約かどうか確認することが重要となることに留意する。

2　高齢者販売

適合性の原則は、顧客の知識、経験、財産の状況、商品購入の目的に照らして不適当な勧誘をしてはならない、というルールであり、顧客の状況を総

合的に考慮して、それに見合った勧誘をすることを求めている。したがって、金融機関が、顧客の知識や経験等に関係なく、一律に高齢者にはリスクの高い商品を販売しない、一律に高齢者には一度目の訪問では販売しない、一律に高齢者には親族の同席がなければ販売しないなどの対応をとることは、必ずしも制度の趣旨には合わないとされている（金融庁「金融商品取引法の疑問に答えます」質問①[2]）。

しかしながら、高齢者販売に関する裁判例、金融ADR事例等も少なくない中、多くの金融機関では、高齢者のリスク商品に関する理解力や投資のニーズ・投資意向・目的（当該高齢者が高リスク商品を購入する目的は何かなど）を慎重に確認するため、高齢者販売に関する内部規程（一定の年齢を超えると一定のリスク商品は販売しない、勧誘の際に親族の同席を求める、金融機関側も複数の担当者で商品説明を行う即日契約はしない（商品説明と同日の約定はしない）など）を設けているのが実態であり、高齢者保護やトラブル防止の観点からは有益な対応と考えられる。

高齢者にリスク商品を勧誘・販売する際には、まずはかかる内部規程を遵守することが重要である。

3 本事例の問題点

（1） 本事例では、仕組預金の勧誘に係る顧客の適合性に配慮し、適合性チェックシートを使用して、顧客の適合性を確認するほか、個々の取引額の金融資産に占める割合が一定割合以上になる場合には、個別適合性について営業店長の承認を得る、また、個別適合性確認の基準となる顧客管理システム上の金融資産額を変更する場合は、支店長の承認を必要とするとの内部規程が設けられている。

しかしながら、本事例では、適合性チェックシートを作成していない事例、営業担当者が、金融資産に占める仕組預金の割合が一定割合未満であると偽った上、個別適合性申請を行わずに仕組預金を販売した事例、また、支

---

[2] http://www.fsa.go.jp/policy/br/20080221.pdf

店長の承認を得ずに顧客管理システム上の金融資産額を変更し取引を行った事例が発生している。

また、本事例では、高齢者に対する仕組預金の販売については、適合性原則が特に問題となることから、内部規程において、営業店長等が取引後にコールバックを行って、購入者本人が、商品リスク等を理解しているか電話で確認することとし、また、個別適合性申請を行い、支店長の承認を得て、販売することとしている。

しかしながら、本事例では、高齢者顧客への販売において、営業店長等がコールバック時に、購入者本人であるかの確認を行わず、コールバック記録上、リスクの理解度の確認を行ったとしているにもかかわらず、実際は全く確認していない等の問題、さらに、高齢者に対する個別適合性申請が未承認のまま取引を行う等の問題が発生している。

これらは、いずれも内部規程に違反する販売態様である。内部規程の遵守、すなわち、「自ら定めたルールを自ら守る」ということは、自律的な態勢整備の根幹といえる[3]。内部規程違反が発生する原因としては、内部規程の周知徹底や内部監査・自店検査での内部規程の遵守状況のチェック機能が不十分であること等が考えられる。研修等を通じて、内部規程の遵守の重要性等を周知徹底し、内部監査や自店検査で、その遵守状況をモニタリングすることが必要である。

また、顧客の適合性を軽視・無視した販売は、営業成績・営業目標(ノルマ)の重圧や収益(手数料獲得)を優先した営業推進の中で発生することが多いことから、コンプライアンス部門、顧客説明管理部門としても、営業方針・戦略等の状況を把握した上、コンプライアンス研修や具体的な取引の稟議(決裁)での意見具申等を通じて、営業推進部門への牽制機能を発揮する

---

[3] 本事例の内部規程は一般にみられるレベルのものであるが、金融機関の中には、特に顧客説明に関して、法令や監督指針等が求めるレベルを超えた厳格なルールを設けているところもある。厳格すぎるルールは、遵守するには負担が大きすぎ、空文化するおそれがある。空文化しては、ルールがない状態と同じであるから、このような事態に陥らないように、当該ルールが自行の規模・特性に照らして、あまりに厳格な内容とならないよう留意することも必要である。

ことが重要である。

> **実務対応**
>
> 1　未然防止・抑止
>
> 役職員全員で問題認識を共有。
> ・問題事例を用いた研修。
> ・不正行為を行った場合に、どのような影響が生じるかを説明。
> 　　―― 自身への影響（懲戒処分等）。家族への影響。会社への影響（当局からの行政処分、風評リスク等）。
>
> 社内ルールの周知。社内ルールの重要性の認識の徹底。
> ・高齢者・精神疾患者等への販売に関する社内ルールの厳守。
>
> 商品内容に関する研修。理解度のチェック。
> ・商品知識が不十分では、適切な販売はできない。
>
> 倫理研修の実施・充実。
> ・適合性の判断は、第一義的には顧客のことを一番よく知っている担当者の倫理観に左右されるという側面がある。
>
> 面談記録の定期的・抜き打ちのチェック（上司のチェック、自店検査等）。
>
> 職員の業務状況の管理。
> ・日頃からの部下とのコミュニケーション。
> ・職員の身上把握（定期面談、アンケート）。
> ・過度なプレッシャーをかけない。←営業成績・営業目標（ノルマ）の重圧
> ・結果だけでなく、努力も認める。
> ・部下の仕事の進捗管理を怠らない。
> 　　―― 「誰かに見られている」という感覚を持たせる。
> ・「仕事ができる人」、「信頼できる人」に対する管理を甘くしない。
> ・連続休暇・長期休暇の取得。休暇中に日頃の業務をチェック（顧客を訪問）。
> 　　―― 休みをとらないことを善とする風土となっていないか。

・人事ローテーション。

倫理やコンプライアンスの重要性の強調。上司自ら実践。

上司も日頃から顧客と接触し、顧客と担当者との関係を把握。顧客への取引状況の確認。

内部監査・自店検査を形だけのものにしない。

・問題事例の早期発見にもつながる。

2　早期発見、調査

＜社内からの情報による発覚＞

内部通報制度の周知徹底。

抜き打ちの自店検査等。

＜社外からの情報による発覚＞

――　顧客からの相談・苦情等への対応

※いかに相談・苦情等を吸い上げるか？

報告を迅速にさせるには……

迅速な報告がなされた場合には、人事評価上マイナス評価をしないとの取扱い。

支店から本部・コンプライアンス部門への報告事項、報告のタイミング・頻度、報告手段等について、周知徹底。

・内部監査等で、苦情の未報告・遅延がないかチェック。

報告された苦情等の分析。顧客への販売経緯の確認（反面調査）。

3　再発防止

＜再発防止に向けた具体的な取組＞

（問題事例（不適正販売）、内部監査指摘、相談・苦情等の）原因分析

改善策・再発防止策の策定。

改善活動の実施とこれに対するモニタリング、フォローアップ。

改善策・再発防止策の見直し。

■ 顧客の適合性の確認等が不十分である事例②

＜全銀協・あっせんの申立て事案の概要とその結果（平成23年度第3四半期）5頁＞

○　申立人（A社）の申出内容
・B銀行との間で締結したデリバティブ取引を中途解約し、解約清算金等の負担又は条件の変更を求める。
・当社は海外から直接又は国内業者から原材料を仕入れており、国内で円建て販売している。直接海外からの仕入れはわずかであり、国内業者からの仕入価格はほとんど為替の影響を受けない。
・本件契約はB銀行との関係を考慮して締結したものであり、本件契約は当社に不要なものである。
・当社社長は金融商品の知識はほとんどなく、B銀行担当者に言われるがまま、本件契約関係書類に署名をした。

○　相手方銀行（B銀行）の見解
・当行はA社のメインバンクではない。
・当行は、A社社長からの聴取等により、総仕入額の一定割合が輸入商品であることから、為替リスクヘッジニーズを確認し、本件契約の勧誘に至った。仕入価格と為替相場の詳細な相関分析を行ってはいない。
・当行は、A社社長に対し、本件契約の内容について十分な説明を行っており、財務状況も問題ないと判断している。
・当行は、本件契約の中途解約に応じ、解約清算金等の一部を負担する用意がある。

○　あっせん手続の結果
・あっせん委員会は、B銀行に対して、A社の商流、仕入価格と為替変動の相関分析を行っていないなど為替リスクヘッジニーズの検証及び財務耐久性の検証が十分とはいえないことを指摘した。

- その上で、あっせん委員会は、A社とB銀行が本件契約を中途解約の上、B銀行が解約清算金等の一部を負担するというあっせん案を提示した。
- その結果、A社とB銀行の双方が受諾したことから、あっせん成立となった。

▶関連法令等
- 顧客保護等管理態勢チェックリストⅢ．２．(1)③、同２(2)③(ⅰ)イ．等
- 中小監督指針Ⅱ－３－２－１－２(2)①、③、同(7)等
- 銀行法13条の３

解　説

1　デリバティブ取引の説明に関する留意事項等[4]

中小監督指針では、デリバティブ取引の説明に関する留意事項等として、以下の項目が挙げられている。

(1)　融資取引にオプション・スワップ等のデリバティブ取引が含まれているとき（デリバティブ取引のみを行う場合を含む。）には、銀行法第13条の３各号並びに金融商品取引法第38条各号及び第40条各号の規定に抵触することのないよう、顧客の知識、経験、財産の状況及び取引を行う目的を踏まえ、商品内容やそのリスクに応じて、以下の事項に留意する必要がある（中小監督指針Ⅱ－３－２－１－２(2)①）。

①　商品又は取引の内容及びリスク等に係る説明

　　契約の意思形成のために、顧客の十分な理解を得ることを目的として必要な情報を的確に提供することとしているか。

　　なお、検証に当たっては、特に以下の点に留意する。

　　イ．融資取引にオプション・スワップ等のデリバティブ取引が含まれているとき（デリバティブ取引のみを行う場合を含む。）には、法第13

---

[4]　吉田桂公「金融ADRへの実務対応最前線　第１回～第７回」（週刊金融財政事情　平成24年８月13日号～９月24日号）を参照。

条の3各号並びに金融商品取引法第38条各号及び第40条各号の規定に抵触することのないよう、顧客の知識、経験、財産の状況及び取引を行う目的を踏まえ、商品内容やそのリスクに応じて以下の事項に留意しているか。

a．当該デリバティブ取引の商品内容やリスクについて、例示等も入れ、具体的に分かりやすい形で解説した書面を交付して、適切かつ十分な説明をすることとしているか。

　　例えば、

・当該デリバティブ取引の対象となる金融指標等の水準等（必要に応じてボラティリティの水準を含む。以下同じ。）に関する最悪のシナリオ（過去のストレス時のデータ等合理的な前提を踏まえたもの。以下同じ。）を想定した想定最大損失額について、前提と異なる状況になればさらに損失が拡大する可能性があることも含め、顧客が理解できるように説明しているか。

・当該デリバティブ取引において、顧客が許容できる損失額を確認し、上記の最悪のシナリオに至らない場合でも許容額を超える損失を被る可能性がある場合は、これについて顧客が理解できるように説明しているか。

・金融指標等の状況がどのようになれば、当該デリバティブ取引により、顧客自らの経営又は財務状況に重大な影響が生じる可能性があるかについて、顧客が理解できるように説明しているか。

・説明のために止むを得ず実際のデリバティブ取引と異なる例示等を使用する場合は、当該例示等は実際の取引と異なることを説明しているか。

b．当該デリバティブ取引の中途解約及び解約清算金について、具体的に分かりやすい形で解説した書面を交付して、適切かつ十分な説明をすることとしているか。

　　例えば、

・当該デリバティブ取引が原則として中途解約できないものである場合にはその旨について、顧客が理解できるように説明しているか。
・当該デリバティブ取引を中途解約すると解約清算金が発生する場合にはその旨及び解約清算金の内容（金融指標等の水準等に関する最悪のシナリオを想定した解約清算金の試算額及び当該試算額を超える額となる可能性がある場合にはその旨を含む。）について、顧客が理解できるように説明しているか。
・銀行取引約定書等に定める期限の利益喪失事由に抵触すると、デリバティブ取引についても期限の利益を喪失し、解約清算金の支払義務が生じる場合があることについて、顧客が理解できるように説明しているか。
・当該デリバティブ取引において、顧客が許容できる解約清算金の額を確認し、上記の最悪のシナリオに至らない場合でも許容額を超える損失を被る可能性がある場合は、これについて顧客が理解できるように説明しているか。

c．提供するデリバティブ取引がヘッジ目的の場合、以下を確認するとともに、その確認結果について、具体的に分かりやすい形で、適切かつ十分な説明をすることとしているか。
・顧客の事業の状況（仕入、販売、財務取引環境など）や市場における競争関係（仕入先、販売先との価格決定方法）を踏まえても、継続的な業務運営を行う上で有効なヘッジ手段として機能することを確認しているか（注1）。
・上記に述べるヘッジ手段として有効に機能する場面は、契約終期まで継続すると見込まれることを確認しているか（注2）。
・顧客にとって、今後の経営を見通すことがかえって困難とすることにならないことを確認しているか（注3）。
（注1）　例えば、為替や金利の相場が変動しても、その影響を軽減させるような価格交渉力や価格決定力の有無等を包括的に判

断することに留意する。
（注２）　例えば、ヘッジ手段自体に損失が発生していない場合であっても、前提とする事業規模が縮小されるなど顧客の事業の状況や市場における競争関係の変化により、顧客のヘッジニーズが左右されたりヘッジの効果がそのニーズに対して契約終期まで有効に機能しない場合があることに留意する。
（注３）　ヘッジによる仕入れ価格等の固定化が顧客の価格競争力に影響を及ぼし得る点に留意する。

d．上記ａ．からｃ．に掲げる事項を踏まえた説明を受けた旨を顧客から確認し、その記録を書面（確認書等）として残すこととしているか。

e．不確実な事項について、断定的な判断と誤認させる表示や説明を防ぐ態勢となっているか。

f．不招請勧誘の禁止の例外と考えられる先に対するデリバティブ取引の勧誘については、法令を踏まえたうえ（注）、それまでの顧客の取引履歴などによりヘッジニーズを確認し、そのニーズの範囲内での契約を勧誘することとしているか。

（注）　不招請勧誘の禁止の例外とされている「外国貿易その他の外国為替取引に関する業務を行う法人」（金融商品取引業等に関する内閣府令第116条第２号）には、例えば、国内の建設業者が海外から材木を輸入するにあたって、海外の輸出者と直接取引を行うのではなく、国内の商社を通じて実態として輸出入を行う場合は含まれるが、単に国内の業者から輸入物の材木を仕入れる場合は含まれないことに留意する必要がある。

g．勧誘されたデリバティブ取引に係る契約締結の有無は、融資取引に影響を及ぼすのではないかと顧客が懸念する可能性があることを前提（注１）に、必要に応じ、こうした懸念を解消するための説明を行うこととしているか（注２）。

（注１）　例えば、デリバティブ取引の勧誘や説明を行った状況（与信取引等の相談中や複数回の勧誘の後かどうかなど）によっては、顧客の立場からは、往々にして銀行は優越的地位を濫用してい

ると見られる可能性があることを意識した販売態勢となっているか。
(注2) 例えば、勧誘したデリバティブ取引等に応じなくとも、そのことを理由に今後の融資取引に何らかの影響を与えるものではない旨を説明し、優越的地位の濫用がないことの説明を受けた旨を顧客から確認する態勢としているか。

h．デリバティブ契約締結後、定期的かつ必要に応じて適時、当該顧客の業況及び財務内容を踏まえ、実需の存続状況等に応じたヘッジの有効性とその持続可能性の確認を行い、顧客からの問合せに対して分かりやすく的確に対応するなど、適切なフォローアップに取り組むための態勢を整備しているか。

　また、顧客の要請があれば、定期的又は必要に応じて随時、顧客のポジションの時価情報や当該時点の解約清算金の額等を提供又は通知する等、顧客が決算処理や解約の判断等を行うために必要となる情報を適時適切に提供しているか。

(2) **意思決定手続の確認**（中小監督指針Ⅱ－3－2－1－2(2)③）

いわゆる「オーナー経営」の中小企業等との重要な契約に当たっては、形式的な権限者の確認を得るだけでは不十分な場合があることに留意する必要があり、特に、デリバティブ取引が、顧客の今後の経営に大きな影響を与えるおそれのある場合には、当該中小企業等の取締役会等で意思決定された上での契約かどうか確認することが重要である。

なお、顧客の契約意思の確認方法としては、取締役会議事録の写しを徴収することが一律に求められるわけではなく、ヒアリングや確認書等の受入れ等によることも妨げられないとされている（平成22年4月16日付「提出されたコメントの概要及びそれに対する金融庁の考え方＜「主要行等向けの総合的な監督指針」及び「中小・地域金融機関向けの総合的な監督指針」＞」項番75及び76）。

(3) **苦情等処理機能の充実・強化**（中小監督指針Ⅱ－3－2－1－2(7)）

金融機関においては苦情等の事例の蓄積と分析を行い、契約時点等における説明態勢の改善を図る取組や、苦情が多く寄せられる商品については、取

引の販売を継続するかどうかの検討を行うことが必要であり、また、説明態勢の改善に取り組んだ後に販売・契約した商品や取引に関する苦情相談等を確認し、当該取組の効果を確認することが求められている。

さらに、優越的地位の濫用が疑われる等の重大な苦情等の検証に当たっては、検証の客観性・適切性を確保する観点から、苦情等の発生原因となった営業店担当者等の報告等のみを判断の根拠とせず、必要に応じ、本部等の検証部署の担当者が苦情者等に直接確認するなどの措置を適切に講じる態勢を整備する必要がある。

2　本事例の問題点

本事例では、あっせん委員の認定では、B銀行によるA社の商流の把握、為替リスクヘッジニーズ及び財務耐久性の検証が十分ではなかったとされている。

A社の商流の把握、為替リスクヘッジニーズ及び財務耐久性の検証は、いずれも本件デリバティブ取引がヘッジ手段として有効か否かを判断するための前提として必要不可欠といえる。

なお、為替リスクヘッジニーズ及び財務耐久性の検証は、他行との取引分も加味して行うべきであるから、顧客に対して、他行との取引状況について十分に確認することが必要である[5]。

また、発生し得る損失に対するA社の財務上の耐久力についての検証は、最大損失額に関する説明の適切性確保につながるほか、顧客に財務上の耐久力がない場合には、そもそもデリバティブ取引の勧誘が適さないおそれがあ

---

[5]　金融庁の見解（平成22年4月16日付「提出されたコメントの概要及びそれに対する金融庁の考え方＜「主要行等向けの総合的な監督指針」及び「中小・地域金融機関向けの総合的な監督指針」＞」項番65）によれば、ヘッジニーズの確認方法として、顧客の申出や顧客からのヒアリング結果を利用することも妨げられないとされているが、紛争対応の点からは、かかる顧客の申出や顧客からのヒアリング結果については記録化しておくことが望ましい。ヘッジニーズを確認する上では、他行との取引状況を把握することが必要であるが、例えば、顧客から聴取した他行との取引状況を金融機関側で整理し、その内容について間違いがない旨顧客に確認してもらい、署名・捺印を得る等の対応が考えられる。

るという点で、(狭義の)適合性原則の問題になるところであり、留意が必要である。

> 実務対応
>
> デリバティブ取引の不適切な勧誘・販売を防止するための対応としては、
> ・面談記録の定期的・抜き打ちのチェック(上司のチェック、自店検査等)
> ・取引先からのヘッジに係る確認書の徴収
> などが考えられる。

3　説明義務(広義の適合性原則)

> ＜平成22年7月、35頁＞
> 　経営会議は、前回検査指摘を踏まえ、顧客保護等管理態勢の統括部門をお客様サービス部門と定め、同部門においてローン商品部門など関係部門に対し、顧客説明に関する規程の整備状況や遵守状況に係る臨店指導を行うなど、態勢を整備している。
> 　しかしながら、各関係部門においては、法令違反に対する再発防止策の策定や、顧客への適切な説明を行うことを徹底していないことなどから、以下のような問題点が認められる。
> ・リスク性商品の販売に関し、説明不足を原因とする法令違反が増加している中、お客様サービス部門は……営業担当者への踏み込んだ研修・指導を行っていない。また、同部門は、顧客交渉履歴の記録の正確性を担保するための遵守・禁止項目や罰則等を明確化・具体化していないなど、法令違反に対する実効性のある再発防止策の策定を行っていない。
> 　このため、複数の営業店において、投資信託商品の販売に関して、顧客への断定的判断の提供による金融商品取引法違反事例が多数発生している。また、これらの取引において、顧客との交渉記録

に顧客が主体的に商品購入を希望したかのように記録するなど、交渉履歴を虚偽報告している事例や、規程に反した不適切な適合性の判定を行い販売している事例も認められる。

▶参考事例
● 顧客に対して、長期にわたり商品内容やリスクの説明を十分行わずに外貨取引や仕組預金などを勧誘している事例、リスク性商品を勧誘する際に、顧客に対して分配金が確実に受領できると説明しているほか、長期的に保有すれば損をする可能性がほとんどないような説明を行うなど、不確実な事項について断定的判断を提供し勧誘を行っている事例、投資信託の販売において、目論見書を交付していない事例（平成24年2月、50頁）。
● コンプライアンス統括部門は、リスク性商品の販売に際し、営業店が顧客説明義務を履行しているかを確認するため、リスク説明時の顧客の反応等を面談記録表に記録させ、同部門及び営業店の内部管理責任者がその内容を検証する態勢としているが、同部門は、営業店に対して面談記録表へ記録することの趣旨を十分に周知徹底してないことなどから、記録されている投資信託のリスク説明時の顧客の反応が同一又は極めて類似しており、リスクが適切に説明されているか検証できない内容となっている事例（平成23年7月、59頁）。

▶関連法令等
・顧客保護等管理態勢チェックリストⅡ．1．、Ⅲ．2．
・中小監督指針Ⅱ－3－2－5
・銀行法12条の2、13条の3、13条の4等

解　説

1　説明義務（広義の適合性原則）

前記Ⅰ－1⑵に記載のとおり、投資信託等の金融商品の販売においては、金融機関は、当該商品の仕組みや危険性等について、顧客の知識、経験、投

資目的、財産の状況等に照らして、当該顧客に理解されるために必要な方法及び程度によって説明を行う義務を負っている。

中小監督指針Ⅱ-3-2-5-2(3)①でも、「特に、適合性原則を踏まえた説明態勢の整備に当たっては、銀行の顧客は預金者が中心であって投資経験が浅いことが多いことを前提に、元本欠損が生ずるおそれがあることや預金保険の対象とはならないことの説明の徹底等、十分な預金との誤認防止措置が取られているか」との項目を設けているところである。

2 本事例の問題点

本事例では、説明不足を原因とする法令違反が増加しているにもかかわらず、営業担当者への踏み込んだ研修・指導を行っていないことが問題とされている。

販売担当者（営業部門）に当該金融商品のリスク等を十分に理解させるためにも、本部（顧客説明管理責任者等）としては、販売担当者（営業部門）に対して、随時又は定期的に、研修・指導を行うことが必要である。

研修・指導の内容としては、関連法令等を踏まえたコンプライアンスの観点からのもの（法令、監督指針、内部規程等の規制の内容、禁止行為、遵守事項等の研修・指導）と、各商品の内容・リスク等の商品知識に関するものが考えられる。また、本事例では、顧客への断定的判断の提供による金融商品取引法違反事例や交渉履歴の虚偽報告事例、規程に反した不適切な適合性の判定事例が発生しているが、こうした不正行為（故意による不正行為）は、担当者の倫理面に影響されることもあるため、倫理研修の実施も重要である。

また、顧客説明の適切性を確保するためには、顧客が投資決定の判断材料として、いかなる情報を重視しているかに注目し、それらの情報に関する資料を提供する場合には、その内容の適否について確認する、また、高リスク商品等の勧誘経過については特に詳細な面談記録を作成・保管するといった対応が必要である。面談記録においては、担当者が顧客の適合性について問題がないと判断した根拠、顧客が説明を理解したことの根拠（顧客からのリスクの内容等に関する質問に対してどのように回答し、当該回答を受けて顧客か

らどのような発言があったか等)、説明時間(説明の開始時刻、終了時刻)等を具体的に記載することが考えられる。重要なやりとりについては、直接話法で記録することが望ましい[6]。

さらに、本事例では、過去の説明不足を原因とする法令違反事例の教訓が活かされていない。金融商品の販売において、説明不足(説明義務違反)や適合性原則違反等の問題が発生した場合には、徹底した原因分析、それに基づく再発防止策の策定・実行そして、再発防止策の進捗状況に関するモニタリングを行うことが必要不可欠である。これが不十分なまま、再度説明義務違反等の問題が発生した場合には、厳しい評価は免れないであろう。

―― 実務対応 ――

　説明責任に係る研修について、そのスキルが一定の水準を維持できるような態勢整備を実施することが必要である。

　また、面談、コンプライアンス等、スキルに係る必要な研修を継続的に実施するための態勢整備を行うことも重要である。

　記録の内容についてもより具体的に記載するように、研修等で指導する必要がある。

　場合によっては、行(庫)内の販売に係る資格制度を導入するなどして、販売員の質的水準の維持を図ることも有益であろう。

4　フォローアップ(アフターフォロー)

① 投資信託

＜平成23年2月、50頁＞
・投資信託販売後の顧客説明について、営業部門は、投資信託説明マ

---

[6] 例えば、顧客からの質問事項は、顧客の商品に対する理解度や関心事を把握する上で有用であり、重要な質問事項とそれに関するやりとりについて直接話法で記録することが考えられる。

ニュアルを策定し、顧客の信頼向上を図るために、同マニュアルに基づき説明を実施することとしている。

　こうした中、同部門は、営業支援システムにおいて営業店の対応の進捗状況は管理しているものの、説明不足に起因する苦情が寄せられているにもかかわらず、フォロー未実施先の理由等の確認及びそれを踏まえた的確な営業店指導を行っていない。

　また、担当取締役も、同部門に対し、フォロー未実施先の理由等の確認及びそれを踏まえた的確な営業店指導を指示していない。

　このため、同システムにおいて説明が未実施となっているものが多数あり、中には、別件で顧客を訪問しながら説明を行っていない事例も認められる。

② デリバティブ取引

＜平成23年7月、60頁＞
（規模・特性等）
・主要行等及び外国銀行支店
【検査結果】
・営業推進部門は、一定額の損失を被っている為替デリバティブ利用先を重点管理先として抽出し、同部門と営業店が一体となって重点的に管理・フォローしていくこととしている。

　また、営業推進部門及び審査部門は、営業店経由で為替デリバティブ利用先から解約意向等があった場合には、その可否を協議し個別に対応することとしている。

　しかしながら、審査部門等は、把握している債務者の経営実態に係る情報を営業推進部門へ提供していないほか、営業推進部門から提供されている重点管理先のアフターフォロー結果を活用する仕組みを構築していない。

> また、営業推進部門等は、為替動向や為替デリバティブの含み損拡大を踏まえ、為替デリバティブ利用先に対する対応を協議しているにもかかわらず、為替デリバティブの損失に起因する貸出ニーズや相談があった際の具体的な対応方針等を策定していない。

▶参考事例
- 営業推進部門が、一定金額以上の投資信託を保有する顧客へのアフターフォローが、一部の営業店において実施されていないことを看過しており、当該顧客からアフターフォローがないとの苦情が発生している事例。また、同部門が、営業店におけるアフターフォローの実施状況に係る記録作成が半数超にとどまっている実態を把握しているにもかかわらず、営業店に対して記録作成の指導を徹底していない事例（平成24年8月、71頁）。
- 営業推進部門が、為替デリバティブ取引により損失を受けた顧客に対する営業店におけるアフターフォローの状況について、実施件数を確認するにとどまり、実施内容を検証していない事例（平成24年8月、71〜72頁）。
- 営業推進部門による営業店に対する顧客対応の検証・改善指導が、面談実施件数の確認にとどまっており、面談記録の検証を通じた牽制が不足しているため、営業店において、長期間顧客に接触しなかったことから苦情となっている事例や、投資信託の分配金の減少あるいは評価損の拡大に対して何の連絡もなかったとの苦情が発生している事例（平成24年2月、51頁）。
- 営業推進部門が、フォローアップ対象先の選定に当たり、販売額が一定額以上の先に限定しており、苦情の発生状況等を踏まえた選定を行っていないほか、営業店によるフォローアップが不足しているとの監査結果を踏まえた対応の検討を行っていないため、営業店において、投資信託販売後の顧客対応が疎かになり、多くの対象先にフォローアップを行っていない事例（平成24年2月、55頁）。
- 顧客説明管理部門が、営業店に対して、フォローアップの実施状況の管理について、営業支援システムを通じて行うことを周知徹底していないことから、同システムを利用していない営業店が認められるなど、同システム

による一元的な管理に至っておらず、また、営業店担当者に対して、フォローアップの実施に係る指導を十分に行っていないことから、顧客に対するフォローアップが1年以上実施されていないほか、顧客との面談記録にフォローアップの内容が記載されておらず、その適切性等が確認できない事例（平成24年2月、56頁）。

●顧客説明管理部門が、リスク性商品を保有する顧客について、取引実態の把握やトラブル防止の観点から、商品販売後のフォローアップを適切に行うための態勢を整備していないため、「投資信託の運用報告書は送付されてきたが、購入後の運用状況に関する説明を一度も受けていない」など、販売後のフォローアップが行われていないことに起因する苦情が発生している事例（平成24年2月、57頁）。

▶関係法令等
・顧客保護等管理態勢チェックリストⅡ．1(1)②、同③(iv)
・中小監督指針Ⅱ－3－2－1－2(2)① h

解　説

1　契約締結後のフォローアップ

　リスク商品の勧誘・販売時に、顧客に対して、リスクの内容等について適切かつ十分に説明することは当然であるが、契約締結後に、市場動向の急速な変化等により、顧客が不測の損害を被る場合がある。

　これを防止するために、金融機関には、契約締結後においても、顧客に対して、市場動向等に関する情報提供などを行うことが求められる。

　この点、顧客保護等管理態勢チェックリストでも、顧客説明管理規程の内容として、契約締結後のフォローアップに関する取決めを規定すること（Ⅱ．1(1)②)、顧客説明マニュアルの内容として、契約締結後のフォローアップ手続等を規定すること（Ⅱ．1(1)③(iv)）を求めている。

　また、中小監督指針においても、デリバティブ取引について、「デリバティブ契約締結後、定期的かつ必要に応じて適時、当該顧客の業況及び財務

内容を踏まえ、実需の存続状況等に応じたヘッジの有効性とその持続可能性の確認を行い、顧客からの問合せに対して分かりやすく的確に対応するなど、適切なフォローアップに取り組むための態勢を整備しているか。また、顧客の要請があれば、定期的又は必要に応じて随時、顧客のポジションの時価情報や当該時点の解約清算金の額等を提供又は通知する等、顧客が決算処理や解約の判断等を行うために必要となる情報を適時適切に提供しているか。」（Ⅱ－3－2－1－2①h）との項目が示されている。

2　顧客の相談・苦情等への対応

　顧客の相談・苦情等への対応は、顧客に対する説明責任を事後的に補完する（顧客の理解と納得を得る）ものとして、重要である。

　この点、中小監督指針でも、「苦情等への迅速・公平かつ適切な対処は、顧客に対する説明責任を事後的に補完する意味合いを持つ重要な活動の一つ」（Ⅱ－3－2－6－2－1）、「苦情等への対処について、単に処理の手続の問題と捉えるにとどまらず事後的な説明態勢の問題として位置付け、苦情等の内容に応じ顧客から事情を十分にヒアリングしつつ、可能な限り顧客の理解と納得を得て解決することを目指しているか」（Ⅱ－3－2－6－2－2(4)①）と記載しているところである。

　相談・苦情を寄せている顧客に対しては、十分にフォローアップを行う必要があり（かかるフォローアップが不十分であれば、そのことについてさらなる苦情が発生するおそれがある。）、また、苦情・トラブル等を防止するためには、契約締結後のフォローアップを適切に行うことが重要である。

3　本事例の問題点

(1)　本事例①について

　本事例①では、投資信託説明マニュアルを策定し、投資信託販売後も、同マニュアルに基づき説明を実施することとしているが、説明不足に起因する苦情が寄せられているにもかかわらず、フォロー未実施先の理由等の確認及びそれを踏まえた的確な営業店指導がなされておらず、担当取締役も、営業

部門に対し、フォロー未実施先の理由等の確認及びそれを踏まえた的確な営業店指導を指示していないとの問題が認められ、その結果、説明が未実施となっているものが多数あり、中には、別件で顧客を訪問しながら説明を行っていない事例も発生している。

　こうした問題の原因としては、経営陣も含めて、契約締結後のフォローアップの重要性に関する認識が十分でないことが考えられる。本事例では、営業部門がフォローを行うこととなっているが、営業推進の点からは、新規の勧誘・販売を重視し、契約締結後のフォローが疎かになるおそれもある。そのため、営業推進部門以外のコンプライアンス部門、顧客説明管理部門等が、研修等を通じ、フォローアップの重要性等について、周知徹底を図り、また、営業店指導等を行うことが考えられる。

(2) **本事例②について**

　本事例②では、営業推進部門は、一定額の損失を被っている為替デリバティブ利用先を重点管理先として抽出し、同部門と営業店が一体となって重点的に管理・フォローしていくこととし、営業推進部門及び審査部門は、営業店経由で為替デリバティブ利用先から解約意向等があった場合には、その可否を協議し個別に対応することとしているが、審査部門等は、把握している債務者の経営実態に係る情報を営業推進部門へ提供していないほか、営業推進部門から提供されている重点管理先のアフターフォロー結果を活用する仕組みを構築しておらず、実質的に重点管理先に対するフォローは機能していない。また、営業推進部門等は、為替動向や為替デリバティブの含み損拡大を踏まえ、為替デリバティブ利用先への対応を協議しているものの、為替デリバティブの損失に起因する貸出ニーズや相談があった際の具体的な対応方針等を策定していないため、顧客からの要請に迅速に対応できず、また、顧客間の取扱いに不公平が生じるおそれもある。

　デリバティブ取引により損失が拡大し、顧客の財務状況に重大な影響を及ぼすおそれもあることから、顧客に対するフォローが実質的に機能するように、関連部署間での顧客情報（顧客の財務状況、デリバティブ取引に関する損失の状況等）の迅速なやりとり、顧客の財務実態等を踏まえた対応方針の策

定・実行等の具体的なプロセスを整備することが重要である。

> **─ 実務対応 ─**
> 　リスク性商品については、販売時だけではなく、販売後のフォローが重要であることはいうまでもない。リスク商品販売後に、紛争・トラブルとなるか否かの境目の一つがアフターフォローの有無であるといわれている。
> 　アフターフォローを実施する際にはその手続、担当部署などを具体的に決定しておくことが必要である。

5　優越的地位の濫用

> ＜平成23年7月、60～61頁＞
> （規模・特性等）
> ・地域銀行、中小規模
> 【検査結果】
> ・営業推進部門は、「投資信託販売の手引き」を策定し、優越的地位の濫用防止の観点から、資金繰りが厳しいと認識している融資先等に対する投資信託の販売を禁止することなどを規定している。
> 　しかしながら、同部門は、営業店や審査部門が行う、投資信託販売時における顧客の財務状況等の確認事項などの具体的なルールを定めていない。
> 　このため、要注意先以下に対し投資信託を販売している事例が認められるにもかかわらず、営業推進部門は、こうした実態を把握していない。

▶参考事例
●営業推進部門が、投資信託販売時における優越的地位の濫用防止措置の実効性が確保されているかどうかの検証を十分に行っていないことから、営

業店において、優越的地位の濫用に当たらないかどうかを十分に検証することなく、破綻懸念先と認められる融資先の代表者に投資信託を販売している事例（平成24年8月、69～70頁）。
- 営業推進部門が、実需を伴わない融資による預金残高の嵩上げの防止についての営業店に対する指導を徹底していないこと等から、当行の依頼により、決算期を跨いだ短期間の実需を伴わない融資を行っている事例（平成24年8月、70頁）。
- 顧客説明管理部門は、自己査定による債務者区分が破綻懸念先以下の企業や代表者への保険商品を販売する場合には、優越的地位の濫用防止の観点から販売経緯を確認することとしているが、同部門による営業店指導が十分でないことから、営業店において、販売経緯を確認していないほか、形式的な確認にとどまっている事例（平成22年7月、41頁）。
- 顧客説明管理部門及び与信管理部門は、当行のガイドラインにおいて、顧客からの申出により外形上抱き合わせ取引であるとの疑義が生じかねない運用・融資の両建取引を行う場合、顧客のレバレッジリスク及び自発的な取引意思を確認するための確認書の取得を義務付けているにもかかわらず、営業担当者による当該確認書の取得状況を確認していないことから、確認書の取得漏れが認められ、不公正取引の防止措置が不十分なものとなっている事例（平成21年7月、32頁）。

▶ 関連法令等
- 独占禁止法2条9項5号
- 公正取引委員会「優越的地位の濫用に関する独占禁止法上の考え方」（以下「ガイドライン」という。）
- 銀行法13条の3第4号、同法施行規則14条の11の3第3号等
- 顧客保護等管理態勢チェックリストⅡ．1．(1)③(ⅲ)、Ⅲ．2．(1)④、同2．(3)
- 中小監督指針Ⅱ－3－1－6－2、Ⅱ－3－2－1－2(2)①イｇ、同(8)等

解　説

1　優越的地位[7]

　優越的地位の濫用の要件は、①自己の取引上の地位が相手方に優越していること（優越的地位）、②その優越的地位を利用して、③正常な商慣習に照らして不当な行為（濫用行為）を行うことである（独占禁止法2条9項5号）。

　①自己の取引上の地位が相手方に優越していること（優越的地位）について、取引の一方の当事者（甲）が他方の当事者（乙）に対し、取引上の地位が優越しているというためには、市場支配的な地位又はそれに準ずる絶対的に優越した地位である必要はなく、取引の相手方との関係で相対的に優越した地位であれば足りると解される。そして、甲が取引先である乙に対して優越した地位にあるとは、乙にとって甲との取引の継続が困難になることが事業経営上大きな支障を来すため、甲が乙にとって著しく不利益な要請等を行っても、乙がこれを受け入れざるを得ないような場合であり、この判断に当たっては、①乙の甲に対する取引依存度、②甲の市場における地位、③乙にとっての取引先変更の可能性、④その他甲と取引することの必要性を示す具体的事実を総合的に考慮することとされる（ガイドライン第2参照）。

　金融機関は、財務状況が悪化している債務者に対しては、優越的地位に立ちやすい状況にあるので、留意が必要である。

2　本事例の問題点

　本事例では、優越的地位の濫用防止の観点から、内部規程で、資金繰りが厳しいと認識している融資先等に対する投資信託の販売を禁止しているが、投資信託販売時における顧客の財務状況等の確認事項などの具体的なルールがないため、要注意先以下に対し投資信託を販売している事例が認められるとの問題が発生している。

　単に、内部規程や通達で、財務状況悪化先へのリスク商品（本事例では、投資信託の販売を問題としているが、その他のリスク商品の販売でも同様に問題

---

[7]　吉田桂公「独占禁止法と銀行法にみる優越的地位の濫用規制と実務対応」（金融法務事情1916号37頁）を参照。

となり得る。）の販売を禁止するだけではなく、顧客の財務状況等の具体的な確認プロセスの策定、財務状況の程度と販売を禁止するリスク商品の整合性など、リスク商品の販売を禁止するための具体的な対策を整備することが必要である。

―実務対応―
　本部において、特に融資先の債務者区分が「要注意先」以下の場合は、データベースを活用するなどして事前に何らかのチェックが行われるようにすることが必要である。そして、かかるチェックは、販売プロセスと連動させるなどして、販売前に何らかの警告がなされるシステムの構築・導入の検討を行うべきであろう。

6　融資取引
①　融資責任

＜平成23年2月、24頁＞
（規模・特性等）
・信用金庫及び信用組合、大規模
【検査結果】
　理事会は、顧客説明について、「金融円滑化管理規程」において、与信取引に関し、顧客に対する説明が適切かつ十分に行われることを確保すると定めているほか、「与信取引説明マニュアル」において、融資決定と誤認させる不適切な顧客説明を禁止している。
　しかしながら、金融円滑化管理者等は、営業店に対して、これらの規程の周知徹底を十分に行っていない。
　こうした中、営業店において、融資について本部申請を行っていないにもかかわらず、顧客に対し「融資が可能である」と誤認させる説明を行ったうえ、本部申請に向けて何ら手続を進めなかったため、苦

情に至っている事例が認められる。

▶関連法令等
　・銀行法第13条の３、銀行法施行規則第14条の11の３

解　　説

1　融資責任

　金融機関から融資が可能であるとの説明を受ければ、それが一担当者によるものであったとしても、顧客としてはその説明を信用し、当該融資を前提として事業計画等を進めることも考えられ、後日、それを覆されると、顧客に多大な損害が生じるおそれもある。

　この点、東京高判平成６年２月１日金融法務事情1390号32頁は、いわゆるメインバンクたる銀行が、企業から、新規に計画した事業について必要資金の融資の申込みを受け、当該計画の具体的内容を了知した場合には、「企業と消費貸借契約の締結に向けて交渉を重ねている途中であり、金銭の授受がなく消費貸借契約が成立したとはいえない段階」においてであっても、「融資金額、弁済期、借入期間、利率、担保の目的物及び担保権の種類並びに保証人等の貸出条件について具体的な合意に達し、銀行が右貸出条件に基づく融資をする旨を記載した融資証明書を発行して融資する旨の明確な約束（以下「融資約束」という。）をした場合において、右融資約束が破棄されるときには、右企業の新規事業計画の実現が不可能となるか若しくは著しく困難となり、右企業が融資約束を信じて当該計画を実現するためにとった第三者との契約若しくはこれと実質的に同視することができる法律関係等の措置を解消することを余儀なくされる等とし、このため右企業が損害を被ることになる等の事情」があり、しかも銀行が、「このような事情を知り又は知りうるべきであるにもかかわらず、一方的に融資約束を破棄する行為に出た」ときには、かかる行為に出るにつき取引上是認するに足る正当な事由があれば格別そうでない限り、損害賠償責任を負うと判示した。

　上記裁判例を踏まえると、金融機関が、顧客の事業計画の具体的内容を了

知した上、融資証明書を発行し、融資約束の破棄により、事業計画の実現が不可能となる等の損害を被る事情を知っている、又は、知ることができる場合には、損害賠償責任を負うおそれがあるので、留意が必要である。

また、このような場合でなくても、担当者が口頭であっても顧客に対して、融資が可能である旨説明すれば、顧客としては、融資が実行されるとの期待を抱くと考えられるから、顧客に融資が決定されたと誤認させるような説明は行うべきではない。

2　本事例の問題点

本事例では、内部規程において、融資決定と誤認させる不適切な顧客説明を禁止しているところ、営業店において、融資について本部申請を行っていないにもかかわらず、顧客に対し「融資が可能である」と誤認させる説明を行った上、本部申請に向けて何ら手続を進めなかったため、苦情に至ったとの問題が発生している。

担当部署としては、営業店に対して、上記内部規程の周知徹底を図ることが必要であるが、その際、具体的にいかなる行為が禁止されるか（例えば、本部との協議を経ないまま、融資の可否について言及しないなど）について、指導を行うことが重要である。

―― 実務対応 ――

昔からよくある古くて新しい問題である。

この点は、融資予約と誤認させることが顧客・金融機関双方にとってどれだけの迷惑をかけることになるのか、初心に立ち返った教育・研修を周知徹底すべきであろう。

資金繰りが立ちいかなくなり、倒産した事例は各金融機関においてもいくつかあるであろう。そういった事例を中心として、顧客にとって資金繰り、なかんずく、融資してもらえると思っていたことが、できない場合に顧客はどのように金融機関をとらえるのか、今一度職員に徹底すべきであ

> ろう。

② 変動金利に係る説明

> ＜平成22年7月、35頁＞
> ・変動金利タイプの住宅ローンの販売に関し、顧客保護管理部門である住宅ローン担当部門は、変動金利に関するリスク特性などの重要な事項を顧客に対する募集資料に明示していない。また、営業職員等への研修・指導を通じた顧客説明を徹底していない。
> 　このため、変動金利に関して、販売時の説明不足を要因とする苦情が多数発生している。

▶参考事例
● 営業店が、固定金利から変動金利に変更する際、金利上昇時の返済額等のシミュレーションを債務者へ提示していない事例（平成23年2月、58頁）。

▶関連法令等
・銀行法第13条の3、銀行法施行規則第14条の11の3
・顧客保護等管理態勢チェックリストⅢ．2(2)③(i)ロ
・中小監督指針Ⅱ－3－2－1－2(2)①ロ

解　説

1　変動金利に関する説明

　金利変動型又は一定期間固定金利型の住宅ローンに係る金利変動リスク等については、顧客の資金計画等に影響を与えることから、十分な説明を行う必要がある。

　この点、中小監督指針Ⅱ－3－2－1－2(2)①ロでは、金利変動リスク等の説明に当たり、「例えば、「住宅ローン利用者に対する金利変動リスク等に

関する説明について」(平成16年12月21日：全国銀行協会申し合わせ) に沿った対応がなされる態勢となっているか」、また、「適用金利が将来上昇した場合の返済額の目安を提示する場合には、その時点の経済情勢において合理的と考えられる前提に基づく試算を示すこととしているか」との項目が示されている。

上記「住宅ローン利用者に対する金利変動リスク等に関する説明について」では、以下のように定められている。

> 　各銀行は、変動金利型および一定期間固定金利型の住宅ローンの金利変動リスク等に関し、利用者の正しい理解が得られるよう、利用者に対して十分な説明を行うものとし、少なくとも以下の項目に関しては、住宅ローン契約時までに、原則として書面により説明を行うものとする。
> 　1．変動金利型住宅ローンの場合
> ⑴　金利変更の基準となる金利（基準金利）と基準金利の変更に伴う適用金利の変更幅に関する事項
> ⑵　基準金利の見直し時期と基準金利の見直しに伴う新適用金利の適用時期に関する事項
> ⑶　返済額の変更ルールに関する事項（一定期間毎に返済額の見直しを行う場合、金利見直しとの関係、元利金の内訳、金利上昇局面では最終返済額にしわ寄せされる可能性等）
> ⑷　上記⑵⑶の金利、返済額の変更に伴う顧客宛通知方法に関する事項
> ⑸　顧客が選択したローン商品の現在の適用金利が最後まで絶対水準であるとの誤認を防止する措置に関する事項（過去の適用金利の推移を提示する態勢を整備し、金利が上昇する可能性があることを説明する等）
> ⑹　顧客が選択したローン商品の適用金利が将来上昇した場合の返済額の目安を提示することを目的とした、貸出時における適用金利と

は異なる金利での返済額の試算結果に関する事項
（7）　手数料等に関する事項（ローン契約時にかかる手数料、繰上返済手数料、条件変更手数料、約定返済遅延に伴う損害金等がある場合）
（8）　利用者の照会窓口に関する事項
２．一定期間固定金利型住宅ローン（固定金利期間を含むが全期間固定金利ではないもの）の場合
（1）　一定期間固定金利型住宅ローンの商品性に関する事項（一定期間固定金利となり、固定金利期間中における利率、返済額が不変であること、固定金利期間の中途で他の金利タイプへの変更は出来ないこと等）
（2）　一定期間固定金利型住宅ローンを選択する手続方法に関する事項（提出する書類、選択可能時期等）
（3）　適用する固定金利の金利確定時期に関する事項
（4）　固定金利期間終了後の金利変更ルール、返済額の変更ルールに関する事項（固定金利期間終了後の適用金利が固定金利期間の適用金利より高くなる場合は、返済額が増加すること等、また、固定金利期間終了後に変動金利型住宅ローンとなる場合は、前記１．も併せて説明）
（5）　固定金利期間終了時の手続方法に関する事項（再度一定期間固定金利型を選択する場合、選択しない場合等、それぞれの手続方法や留意点等）
（6）　手数料等に関する事項（前記１．（7）のほかに、固定金利期間中の繰上返済に伴う手数料や精算金、固定金利期間終了後に再度固定金利を選択する場合の手数料等がある場合）
（7）　利用者の照会窓口に関する事項

2　本事例の問題点

　本事例では、変動金利タイプの住宅ローンの販売に関し、変動金利に関するリスク特性などの重要事項を募集資料に明示しておらず、また、営業職員等への研修・指導が不十分であることから、変動金利に関して、販売時の説

明不足を要因とする苦情が多数発生するとの問題が生じている。

　上記「住宅ローン利用者に対する金利変動リスク等に関する説明について」に記載のとおり、金利変動リスク等については、顧客の理解を深めるためにも書面で説明すべきであり、募集資料等に必要事項が記載されているか検証する必要がある。また、金利変動リスク等に関する説明事項等について、営業担当者に対する指導・研修により、周知徹底を図る必要がある。

実務対応

　例えば、商品を買うのに不適切な説明をされて満足する顧客がいるだろうか。メーカーであれば、そこに商品があるので説明もしやすいが、金融機関の場合、商品は目にみえない。商品に係る契約書の内容を十分説明しないことは顧客保護の観点から大きな問題となるところを認識すべきである。

　よくいわれるのが「ロールプレーイング」である。

　実際、ロールプレーイングの競技会を開催している金融機関がある。こうしたことで、説明の仕方を周知することも一方策であろう。

　こうした大会となると、女性によるものを想像しがちであるが、男性渉外によるこうした大会を企画することも一案である。

Ⅱ 顧客情報管理

1 情報漏えい等の未然防止対応

■ アクセス権限の管理が不十分な事例

＜平成23年2月、53～54頁＞
（規模・特性等）
・主要行等及び外国銀行支店
【検査結果】
・当行は、個人情報の漏えい等防止については、個人情報保護方針を定めているほか、取得した個人情報を登録しているソフトウェアへの海外拠点の利用者によるアクセスを原則禁止し、必要な場合は、コンプライアンス統括部門の承認を得ることとしている。
　こうした中、以下のような問題点が認められる。
・支店で使用している本店等所管のソフトウェアについて、システムリスク管理部門は、個人情報の登録の有無を洗い出していないほか、個人情報の登録を特定できているソフトウェアについて、顧客情報の漏えいを防止するための対処方針を検討していない。
　このため、個人情報を保有する本店等所管のソフトウェアについて、同部門は、海外拠点の利用者が、コンプライアンス統括部門の承認なしに本店等の権限でアクセス権限を取得できる状態にあることを把握していない。
・アクセス権限について、コンプライアンス統括部門は、営業推進部門の管理者に対し定期的に利用者のアクセス権限の見直しを指示しているが、見直しに当たって有用な情報であるアクセス権付

与日や最終ログイン日などを提供していないことから、同管理者による適切な見直しが実施されていない。
　　このため、海外拠点の利用者が、業務上必要ないにもかかわらず個人情報が登録されているソフトウェアへのアクセス権を有している状況が長期間放置されている。

▶参考事例
● システムリスク管理部門が、顧客情報にアクセスできる職員が制限されてさえいれば、ログイン記録を保管しなくても問題ないとの、誤った認識を有していることから、ログイン記録を保管していない事例（平成24年8月、66頁）。
● 営業店においてサーバーへのアクセス制限が設定されておらず、全職員が顧客データを閲覧可能な状況となっている事例（平成23年2月、53頁）。
● 顧客情報管理部門が、アクセス制限を必要とする顧客情報の保存場所を明確にしていないため、顧客情報の一部がイントラネットを通じてアクセス権限を有しない者により閲覧できる状態となっている事例（平成22年7月、39頁）。

▶関連法令等
・金融分野における個人情報保護に関するガイドライン10条6項
・金融分野における個人情報保護に関するガイドラインの安全管理措置等についての実務指針2－4等
・銀行法12条の2第2項、銀行法施行規則13条の6の5等
・顧客保護等管理態勢チェックリストⅡ．3．(1)③、同(2)③(ⅱ)(ⅲ)
・中小監督指針Ⅱ－3－2－3－2(1)③、同Ⅱ－3－2－4－2(1)⑦
・全国銀行個人情報保護協会・個人情報保護指針等

解　説

1　アクセス制限の必要性

　顧客情報管理の基本的な考え方として、「必要な範囲の情報を必要な範囲の者にしか与えない」（"Need-to-Know"）との原則があり、情報へのアクセス権は必要な範囲に制限しなければならない。

　中小監督指針Ⅱ－3－2－3－2(1)③[8]においても、「顧客等に関する情報へのアクセス管理の徹底（アクセス権限を付与された本人以外が使用することの防止等）、内部関係者による顧客等に関する情報の持出しの防止に係る対策、外部からの不正アクセスの防御等情報管理システムの堅牢化、店舗の統廃合等を行う際の顧客等に関する情報の漏えい等の防止などの対策を含め、顧客等に関する情報の管理が適切に行われているかを検証できる体制となっているか。また、特定職員に集中する権限等の分散や、幅広い権限等を有する職員への管理・牽制の強化を図る等、顧客等に関する情報を利用した不正行為を防止するための適切な措置を図っているか。」との項目が示されている。

　なお、中小監督指針Ⅱ－3－2－4－2(1)⑦では、外部委託先におけるアクセス権限の管理についても規定しており、「外部委託先による顧客等に関する情報へのアクセス権限について、委託業務の内容に応じて必要な範囲内に制限しているか。その上で、外部委託先においてアクセス権限が付与される役職員及びその権限の範囲が特定されていることを確認しているか。さらに、アクセス権限を付与された本人以外が当該権限を使用すること等を防止するため、外部委託先において定期的又は随時に、利用状況の確認（権限が付与された本人と実際の利用者との突合を含む。）が行われている等、アクセス管理の徹底が図られていることを確認しているか。」との項目が示されている。

2　本事例の問題点

　本事例では、顧客情報の漏えいを防止するための対処方針が検討されてお

---

[8]　近時の行政処分（http://www.fsa.go.jp/news/20/syouken/20090625-2.html、http://www.fsa.go.jp/news/21/hoken/20100224-1/01.pdf）を踏まえて、平成22年6月4日に改正された。

らず、また、アクセス権限の見直しに当たって有用な情報であるアクセス権付与日や最終ログイン日などを提供していないことから、管理者による適切な見直しが実施されていないなど、アクセス権の管理が徹底されていない。

そのため、海外拠点の利用者が、コンプライアンス統括部門の承認なしに本店等の権限でアクセス権限を取得できる状態にあり、また、業務上必要ないにもかかわらず個人情報が登録されているソフトウェアへのアクセス権を有している状況が長期間放置されているとの問題が発生している。

海外拠点は本部の管理が及びにくいため、特に留意が必要である。

実務対応

まずは、アクセス権限が付与される役職員及びその権限の範囲を特定することが必要である。その際には、その役職員の範囲及びその権限の範囲が必要最小限のものとなっているか確認する必要がある。

そして、定期的にアクセス権限の見直しを行うほか、ログをとり、同じID・パスワードで複数のパソコンから操作がなされていないか、また、ID・パスワードを付与した役職員以外のパソコンから操作がなされていないかチェックするなど、権限が付与された本人と実際の利用者との突合を行い、アクセス権限を有しない者が不正にアクセスをしていないかを検証することが必要である。

さらに、ID・パスワードが流用されないようID・パスワードの変更を随時行うことも重要である。また、役職員が退職後・異動後に、不正にアクセスをしないように、退職時・異動時にID・パスワードの利用権を停止する措置を講じることも必要である。

■ 顧客情報の持出しの管理が不十分な事例

＜平成23年7月、56頁＞

> ・内部監査において、外部送信メールの添付ファイルへのパスワード未設定等の不備が指摘されているにもかかわらず、取締役会は、担当役員等に対し、全件調査やモニタリング等の実施を指示していない。
>
> 　また、職員の自宅のパソコンから当行情報の流出が発覚した際、担当役員等は、本件を個別事象と判断し、顧客情報管理態勢の問題点を把握・分析していないうえ、取締役会も本件について報告を求めていない。
>
> 　こうしたことから、規程に反し、添付ファイルにパスワード設定等の措置を行うことなく、顧客情報を外部メールアドレスへ送信しているなど、不適切な事例が認められる。

▶参考事例

● 関係業務部門による顧客情報等持出記録簿の検証が、記録の有無を確認するにとどまり、持出した顧客情報の具体的な内容についての検証が不十分なものとなっているため、依然として、顧客情報を特定できない状態のまま店外に持ち出している営業店が多数認められる事例（平成24年2月、52頁）。

▶関連法令等

・金融分野における個人情報保護に関するガイドライン10条5項(2)
・金融分野における個人情報保護に関するガイドラインの安全管理措置等についての実務指針6－2－1等
・銀行法12条の2第2項、銀行法施行規則13条の6の5等
・顧客保護等管理態勢チェックリストⅡ．3．(1)③
・中小監督指針Ⅱ－3－2－3－2(1)③
・全国銀行個人情報保護協会・個人情報保護指針等

解　説

1　情報持出しの管理の必要性

　顧客情報の漏えい等は、情報の外部への持出し（行外へのノートパソコン、紙媒体、USB、CD-ROM等の持出し、メール送信、郵送、FAX送信等）に伴い発生することが多い。

　そのため、まずは、情報の外部への持出しは必要最小限にとどめ、持出しを制限することが必要である。

　そして、情報を外部に持ち出す際には、いかなる情報を持ち出すのかを記録簿に記入するなどして管理することが必要である。かかる管理が不十分では、情報漏えい等が発生した場合、漏えい等した情報の内容・量等が不明確になるおそれもあり、被害実態の把握の遅れにもつながる。

　具体的には、次のような対応が考えられる。

パソコン等 （ノートパソコン、タブレット型端末等）	・会社から貸与したもの以外の使用を禁止する ・持出しを記録する ・行内で使用する際には、セキュリティーワイヤーで固定する
Eメール	・自動的に上司をCC（BCC）に入れる ・添付ファイルに必ずパスワードを付ける
インターネット	・フィルタリングを行う ・ウィニー等のソフトがインストールされていないかをチェックする
紙媒体	・持出しを記録する ・印刷日時等を記載する
USB、CD-ROM、フロッピーディスク	・情報の書出しを物理的に制限する ・持出しを記録する ・媒体を暗号化する

2　本事例の問題点

　本事例では、内部監査において、外部送信メールの添付ファイルへのパスワード未設定等の不備が指摘されているにもかかわらず、取締役会は、担当役員等に対し、全件調査やモニタリング等の実施を指示していない、また、

職員の自宅のパソコンから当行情報の流出が発覚した際、担当役員等は、個別事象と判断し、顧客情報管理態勢の問題点を把握・分析していない上、取締役会も報告を求めていないなど、顧客情報の不正な持出しに係る再発防止に向けた取組が不十分であったといえる。そして、かかる対応不備から、規程に反して、添付ファイルにパスワード設定等の措置を行うことなく、顧客情報を外部メールアドレスへ送信するといった不正な顧客情報の持出し事案が再度発生しており、厳しい評価がなされる事案といえる。

内部監査で指摘がなされても、それが改善に活かされないのでは、自律的な態勢整備は期待できない。内部監査における重要な指摘については、経営陣としても把握し、態勢改善のための指示等を実行することが重要である。

実務対応

こうした情報漏えい等の事案が発生している金融機関の顧客情報管理態勢の特徴として、「情報は絶対に漏れない」ものといった考え方に立って対応策を実施していることが挙げられる。

しかし、現在では逆に「情報は漏れるもの。その漏れをいかに最小限度にとどめるか」といった発想に立つことも必要ではないか。

本事案について研修・教育が重要になってくるものの、最終的には職員のモラルによるところが大きい。

再度、モラル教育を定期的に行い、各金融機関の規模・特性に応じた対応を行っていくことが必要であろう。

■ 個人データ管理台帳に不備がある事例

＜平成24年2月、53頁＞
【業態等】
　信用金庫及び信用組合、大規模

【検査結果】
　理事会は、顧客情報統括管理責任者に、個人データの安全管理措置について、分析・評価及び管理手法の改善を行わせることとしている。また、同責任者は「顧客情報管理規程」に基づき、個人データの取扱状況について点検を行うこと等の安全管理措置を定めている。
　しかしながら、<u>同責任者は、営業店における個人データの取扱状況を十分に把握していない。</u>
　こうした中、複数の営業店において、個人データが、個人データ管理台帳に登載されていない事例が認められる。

▶ 参考事例

- 事務リスク管理部門が、顧客情報管理台帳の再整理を行う際に、顧客情報の管理方法の適切性について十分に検討を行っていない。こうした中、同部門は、当該台帳を営業店に還元していないことから、営業店が保有する顧客情報と当該台帳との照合・点検を行っていない事例（平成24年8月、67頁）。

- 顧客情報管理部門が、台帳等を活用した整理や情報区分の判定を行っていないため、営業店は、帳票・データ類の重要度に応じた統一的な保管管理や持出管理を行っていない事例（平成23年2月、52頁）。

- 前回検査結果を踏まえ、顧客保護等管理部門が、個人データ等の管理台帳への登録の徹底を口頭指示しているものの、提出期限を明示していないため、当該台帳の更新作業を完了していない営業店が認められる事例（平成22年7月、36頁）。

- 顧客情報管理部門が、個人データ管理台帳への登載を紙ベース及び外部記録媒体に保存されているデータに限定しているため、コンピュータ・システム内に記録されているデータが同管理台帳に登載されておらず、管理対象となっていない事例（平成22年7月、39頁）。

- 顧客情報管理部門が、各営業店の顧客情報を含む文書の管理状況について、実態を把握するなどの取組を行っていないことから、顧客情報管理台

帳に掲載されていない伝票や自己査定資料等が未施錠の倉庫等に放置されている事例（平成22年7月、40頁）。

▶関連法令等
・金融分野における個人情報保護に関するガイドライン10条6項
・金融分野における個人情報保護に関するガイドラインの安全管理措置等についての実務指針2－4

解　説

1　個人情報管理台帳の整備

金融分野における個人情報保護に関するガイドライン10条6項は、金融分野における個人情報取扱事業者が、個人データの安全管理に係る実施体制として、組織的安全管理措置を講じることを求めており、これを受けて、金融分野における個人情報保護に関するガイドラインの安全管理措置等についての実務指針2－4は、金融分野における個人情報取扱事業者において、「個人データの取扱状況を確認できる手段の整備」として、次に掲げる事項を含む台帳等を整備することを求めている。

①　取得項目
②　利用目的
③　保管場所・保管方法・保管期限
④　管理部署
⑤　アクセス制御の状況

なお、台帳における各項目の記載については、対象が個人データであることから、基本的には「データベース」単位であり、紙媒体の場合には「同種の書類・帳票」単位で記載することが求められている[9]。

---

[9]　「金融分野における個人情報保護に関するガイドラインの安全管理措置等についての実務指針（案）」への意見一覧・番号24、25。

2　本事例の問題点

　個人情報の適切な管理は、いかなる情報を保有しているのかを正確に把握することなしにはなし得ないが、個人データ管理台帳の整備は、そのために必要不可欠な措置であるといえる。

　本事例では、顧客情報統括管理責任者が、営業店における個人データの取扱状況を十分に把握しておらず、複数の営業店において、個人データが、個人データ管理台帳に登載されていない事例が認められている。

　個人データの台帳への登載は、個人情報管理における基本的な対応であり、かかる対応に不備があれば、個人情報の漏えい等を招く上、実際に情報が漏えい等した場合には、対象情報や対象顧客の特定ができないために、事案解決（被害回復等）が遅れるおそれもある。

　こうした不備が複数の営業店においてみられるとなれば、単なる事務ミスではなく、管理態勢上の問題といえる。顧客情報統括管理責任者が営業店における個人データの取扱状況を把握することはもちろんのこと、研修等を通じて、個人データ管理台帳への登載の重要性等を周知徹底することも必要である。

実務対応

　金融機関、特に中小地域金融機関においては、個人データ管理台帳等に係る態勢整備が必ずしも十分でない点も多いと思われる。

　日々の業務に追われて、なかなかそこまで手を付けることができていないのが現状であろう。

　しかし、やらなければならない現実はそこにある。ではどうすべきか。

　現場に任せるのではなく、本部主導で行っていくしかないのではないか。

　つまり、本部から現場に出向きある程度のサポートをし、現場では本部と一緒になって集中的に処理を行うということである。

　現場では判断ができず、結局立ち止まったままという状態であるといった意見を多く聞く。

本部からの主導的サポートをお願いしたい。

2　情報漏えい等発生時の対応

■ 個人情報漏えい事故を看過した事例

＜平成23年2月、53頁＞
（規模・特性等）
・信用金庫及び信用組合、中規模
【検査結果】
・個人情報漏えい時の対応について、常勤理事会は、個人データが漏えいした場合の対応マニュアルを策定し、総務部門が、全ての漏えい事案を当局へ報告することとしている。
　こうした中、営業店から事務ミスとして報告を受けた事案について、同部門は、情報漏えい有無の観点から検証を十分に行っていないことから、個人情報が漏えいしていることを見落としている。

▶参考事例

● 事務リスク管理部門が、事務事故等として営業店から報告を受けた事案の中に、顧客情報漏えいに該当する可能性がある事案が含まれているにもかかわらず、そのような観点からの検証を行っていないことから、顧客情報管理委員会に報告されず、顧客情報漏えいの原因分析や再発防止策の検討・策定が行われていない事例（平成24年8月、63～64頁）。

● 個人データ管理責任者である事務統括部門長の顧客情報漏えいに対する理解が不足し、1回の事案における漏えい件数が少ないものや漏えいした個人データを回収できたものについては漏えい事案等にあたらないとの誤った判断を行い、本人への通知や監督当局への報告などの対応を怠っている実態が認められる事例（平成22年7月、34頁）。

●苦情を伴った顧客情報漏えい事案についての報告の取扱いが不明確となっていることから、顧客から苦情のあった郵便物の誤送付による顧客情報の漏えいについて、発生部署から総務部門に報告されているものの、同部門は、苦情担当部門から経営陣に対して報告されるものと判断し、顧客情報の漏えい事案として理事長等への報告を行っていない事例（平成22年7月、34頁）。

▶関連法令等
　・金融分野における個人情報保護に関するガイドライン10条6項
　・金融分野における個人情報保護に関するガイドラインの安全管理措置等についての実務指針2－6等
　・金融機関における個人情報保護に関するQ＆A（問Ⅴ－5）～（問Ⅴ－17）
　・銀行法12条の2第2項、銀行法施行規則13条の6の5等
　・顧客保護等管理態勢チェックリストⅡ．3．(2)④
　・中小監督指針Ⅱ－3－2－3－2(1)④
　・全国銀行個人情報保護協会・個人情報保護指針等

解　説

1　情報漏えい時等の対応

　情報漏えい等が発生した場合には、まずは、所管部署に直ちに報告がなされる態勢を整備することが重要である。第一報が遅れれば、被害状況を含む事実関係の調査も遅れ、顧客の被害が拡大するほか[10]、社会的批判を招くおそれもある。

　そして、直ちにアクセス制限等の二次被害防止のための手続を講じ、対象顧客への事情説明、当局への報告等を行うことが必要である。

---

[10]　特に、漏えい等した情報が、クレジットカード情報、口座番号・パスワード等の経済的損失の大きい情報、又は、介護状況、病歴・手術歴、妊娠歴、職歴・学歴、保険・共済加入状況等の精神的苦痛の大きい情報である場合には、対象顧客に与える影響は甚大であり、迅速な対応が求められる。

また、事案の重大性等に鑑み、記者会見、ホームページへの掲載等による一般公表等を行うことが必要となる場合もある。

　さらに、情報漏えい等が発生した場合には、その原因を分析し、再発防止に向けた対策を講じることも必要である。かかる再発防止に向けた取組が不十分で、情報漏えい等が再度発生した場合には、厳しい評価は免れないであろう。

　なお、中小監督指針Ⅱ－3－2－3－2(1)④では、他行（他社）における漏えい事故等を踏まえ、類似事例の再発防止のために必要な措置の検討を行うことも求めている。

　また、外部委託先において漏えい事故等が発生した場合にも、委託元の所管部署に適切に報告されるような態勢を構築しておくことが必要である（中小監督指針Ⅱ－3－2－4－2(1)⑥）。

2　本事例の問題点

　本事例では、総務部門が、全ての漏えい事案を当局へ報告することとしているが、営業店から事務ミスとして報告を受けた事案について、同部門は、情報漏えい有無の観点から検証を十分に行っていないために、個人情報が漏えいしていることが看過されており、問題とされている。

　情報が漏えい等場合には、その中に個人情報が含まれている可能性があることを常に意識し、例え事務ミスとの報告であっても、個人情報漏えい等がないかといった観点から、迅速に検証を行うことが必要である。

実務対応

　現場ではいろいろなことが起きる。その際、重要なことはあらゆることを想定しておくことである。

　事務ミスと情報漏えいとは、すぐには結びつかないと思われるが、情報の統括部署ではそうしたことも考慮していく必要がある。

顧客情報管理の不備の原因分析等が不十分な事例

＜平成22年7月、36～37頁＞
（規模・特性等）
・信用金庫及び信用組合
・顧客情報漏えいが繰り返し発生し、発生件数も増加しているなど、リスクは増大傾向にあり、顧客等に及ぼす影響度は大きい。

【検査結果】
　コンプライアンス委員会は、前回検査において「顧客情報管理が不十分である」との指摘を受けている。このため、リスク管理統括部門を中心に顧客情報漏えいに関する調査委員会を設置している。

　しかしながら、同委員会は、前回検査の指摘対応について、同委員会の機能発揮が依然として不十分であるほか、顧客情報漏えいに関する調査委員会等に対し適切な指示を行っていない。

　このため、顧客情報の漏えい防止に対する取組が不十分であり、顧客情報の漏えい事案が繰り返し発生しているなど、以下のような問題点が認められる。

・顧客情報の漏えい防止への対応として、コンプライアンス委員会は、文書の誤発送に関する前回検査の指摘を踏まえ、担当部署である総務部門に文書発送時の具体的手順を定めた通達を発出させているほか、統括部署であるリスク管理統括部門にコンプライアンス自主点検の際にモニタリングを行わせることにより、改善を図ったとしている。

　しかしながら、コンプライアンス委員会は、各種の報告を受けることが中心となっており、顧客情報の漏えい事案に関する再発防止の取組について、十分な評価を行なっていないため、問題点の現状を把握していない。また、調査委員会においても、融資関係書類等の紛失事案が繰り返し付議されているにもかかわらず、原因分析が

「営業店の書類管理が不十分」といったものにとどまり深度ある検討を行っていないほか、担当部署による再発防止策の有効性を確認していない。

　このため、営業店において、依然、不十分な検証に起因する文書の誤発送等が繰り返し発生しているほか、今回検査期間中にも、顧客情報の紛失等が発覚しており、中には、内部監査で指摘を受けるまでリスク管理統括部門へ報告していない事案も認められる。

・顧客情報漏えい発生時の報告について、リスク管理統括部門は、前回検査の指摘を踏まえ、重大な事故等の発生及び、その疑いを認めた場合は直ちに本部報告を行うよう通達を発出し、改善を図ったとしている。

　しかしながら、営業店において、担当者が融資関係書類の紛失を認識してから１年以上経過後に本部へ紛失報告を行っている事例が認められる。

　また、当該事例については、内部監査で本部への報告遅延を指摘されているにもかかわらず、調査委員会は、債権管理上の問題に主眼を置き、報告が遅延した原因や再発防止策の実効性について審議していない。

　このため、その後も、営業店において自己査定結果のリストを含む顧客情報の漏えいに際し、営業店長が本部報告や事後対応を怠り、漏えい発覚から本部報告まで１ヶ月以上を要している事例が認められる。

▶参考事例
●経営企画部門が、全行横断的な視点に立った検討を行っていないことから、顧客情報の誤手交が発生した営業店における発生原因や店舗特性を踏まえた改善策を、他の営業店に周知しておらず、また、他の営業店における顧客情報の取扱いに係る実態把握も行っていないため、店頭における誤手交が依然として繰り返し発生しており、誤手交の防止に向けた取組が不

十分なものとなっている事例（平成24年8月、68頁）。
- 事務リスク管理部門が、書類の紛失事故の検証を十分に行っておらず、事故発生店が策定した再発防止策を他の営業店に周知するなどの対応を行っていないため、複数の営業店において、受領した書類を事務処理中に紛失している事故が発生している事例（平成24年8月、68頁）。
- 顧客情報漏えい事案等の再発防止について、顧客保護等管理部門が、過去の事案の発生原因分析を十分に行っていないほか、改善対応策として事務手続を改定したものの、営業店における定着状況やその実効性を検証していないため、営業店が当該事務手続を遵守していないことに起因する顧客情報の紛失が発生している事例（平成23年2月、51頁）。
- 再委託先における個人情報漏えいについて、個人情報管理責任者は、発生報告を受けた際に事実関係の把握や再発防止策の徹底が不十分であったことから、同一の再委託先において情報漏えいが再発している事例（平成23年2月、54頁）。
- 顧客情報管理部門が、各営業店における顧客情報管理に係る不備事項の個別事案の是正にとどまり、発生要因を分析しておらず、また、営業店に対し、郵便物発送やFAX送信の際の役席者による検証を徹底していないことから、前回検査以降、顧客情報漏えい事案が繰り返し発生している事例（平成22年7月、40頁）。

▶ 関連法令等
- 金融分野における個人情報保護に関するガイドライン10条6項
- 金融分野における個人情報保護に関するガイドラインの安全管理措置等についての実務指針2-6等
- 銀行法12条の2第2項、銀行法施行規則13条の6の5等
- 顧客保護等管理態勢チェックリストⅡ．3．(2)④
- 中小監督指針Ⅱ-3-2-3-2(1)④
- 全国銀行個人情報保護協会・個人情報保護指針等

解　説

1　原因分析等の重要性

　個人情報の漏えい等が発生した場合には[11]、同じ問題事象を繰り返さないように再発防止のための取組を講じることが必要不可欠である。

　再発防止のための取組としては、次のようなプロセスを経る必要がある。

① 　問題事象（個人情報の漏えい等の不祥事）の事実関係の徹底した調査
② 　事実関係の調査内容に基づく原因分析
③ 　原因分析に基づく改善策・再発防止策の策定
④ 　改善策・再発防止策の実行
⑤ 　改善策・再発防止策の進捗状況に関するモニタリング
⑥ 　（改善策・再発防止策の進捗が不十分である場合の）改善策・再発防止策の見直し

　業務改善のプロセスとしては、いわゆる「PDCA サイクル」（計画の策定（Plan）、計画の実施（Do）、計画の実施状況の評価（Check）、改善活動（Act）をそれぞれ適切に行っているかを検証する業務改善のプロセス）の考え方が有益であるが、再発防止の取組においても、まさに、この「PDCA サイクル」を実践すること（P＝上記③、D＝上記④、C＝上記⑤、A＝上記⑥）が重要である。

　上記①から⑥はいずれも重要なプロセスであるが、まずは、徹底した事実関係の調査とこれに基づく原因分析を行う必要がある（上記①、②）。事実関係の調査と原因分析が不十分で、個人情報の漏えい等の本質的な原因の特定がなされなければ、改善につなげることはできない。事案によっては、弁護士等の専門家を含めた調査委員会を設置して、原因究明を行うことも考えられる[12]。

---

[11] 　個人情報の漏えい等以外の不祥事が発生した場合についても、同様である。
[12] 　本事例でも、リスク管理統括部門を中心に顧客情報漏えいに関する調査委員会が設置されているが、委員が内部者だけである場合には、客観的な調査が困難な場合もある。このような場合には、外部の弁護士等の専門家等で構成する第三者委員会を組成することが考えられる（日本弁護士連合会「企業等不祥事における第三者委員会ガイドライン」参照）。

また、改善策・再発防止策を実行する場合、その担当部署には本来業務のほかに相応の負担が生じることから、その進捗状況をモニタリングする第三者の目が届かない状態では、実行が滞るおそれがある。そのため、上記⑤のモニタリングも重要であり、改善策・再発防止策を策定しただけで満足することがないように、留意する必要がある。

　これらのプロセスを怠り、個人情報の漏えい等が再度発生した場合には、厳しい評価は免れないであろう。

　なお、中小監督指針では、他行（他社）における漏えい事故等を踏まえ、類似事例の再発防止のために必要な措置の検討を行うことも求められている（同Ⅱ－3－2－3－2(1)④）。自行の事案だけでなく、他行（他社）における事案も検討課題として、情報漏えい等の発生防止の措置を講じることが必要である。

2　本事例の問題点

　(1)　本事例では、前回検査において「顧客情報管理が不十分である」との指摘を受けていながら、コンプライアンス委員会では、各種の報告を受けることが中心となり、顧客情報の漏えい事案に関する再発防止の取組について、十分な評価が行われておらず、問題点の把握がなされていない。また、顧客情報漏えいに関する調査委員会が設置されているが、同委員会においても、融資関係書類等の紛失事案が繰り返し付議されているにもかかわらず、原因分析が「営業店の書類管理が不十分」といったものにとどまり、深度ある検討がなされておらず、担当部署による再発防止策の有効性の確認もなされていないなど、そもそも問題事象の事実関係の徹底した調査とそれに基づく原因分析が不十分であると考えられる。

　その結果、営業店において、依然として、不十分な検証に起因する文書の誤発送等が繰り返し発生し、また、検査期間中にも顧客情報の紛失等が発覚しており、内部監査で指摘を受けるまでリスク管理統括部門へ報告していない事案も認められている。再発防止のための取組が不十分であるために、同種の事案が再発しており、厳しい評価は免れないと考えられる。

(2) また、本事例では、前回検査で、顧客情報漏えい発生時の報告が遅延していることについても指摘を受けていたが、営業店において、担当者が融資関係書類の紛失を認識してから1年以上経過後に本部へ紛失報告を行っている事例が認められている。この事例については、内部監査で本部への報告遅延を指摘されていたが、調査委員会は、報告が遅延した原因や再発防止策の実効性について審議しておらず、問題事象の事実関係の徹底した調査とそれに基づく原因分析や改善策・再発防止策の進捗状況に関するモニタリングが不十分といえる。そして、その結果、営業店において自己査定結果のリストを含む顧客情報の漏えいに際し、営業店長が本部報告や事後対応を怠り、漏えい発覚から本部報告まで1か月以上を要している事例が発生している。これについても、再発防止のための取組が不十分であるために、同種の事案が再発しており、厳しい評価は免れないと考えられる。

実務対応

　顧客情報の管理に限らないが、金融検査結果事例でよく言われているのは、「PDCA」サイクルのうち、「CA」(チェック機能、それを踏まえたアクション機能)が発揮されていないということである。

　本件においても、コンプライアンス委員会が表面的な事象の解決にだけ目を向けて、真の原因は何かといったところまで掘り下げていない結果、こうした指摘事例となっているのであろう。

　また、報告遅延についても同様のことがいえる。

　「顧客情報が漏えいした」「報告がなされなかった」といった表層にだけ目を向けるのではなく、「なぜ顧客情報の漏えいが発生したのか、その背景は何か」「報告がなされなかったのは個人の資質とすれば、なぜ報告をしなかったのか、重要性を理解していなかったのか、そのほか理由はないのか」といった点まで掘り下げて調査する必要がある。

　この点については、コンプライアンス委員会の規程等に盛り込むなど、何らかのルールの制定が検討されるべきであろう。

III 顧客サポート

■ 苦情の報告、進捗管理及び改善策への活用が不十分な事例

> ＜平成22年7月、38頁＞
> ・顧客サポート管理部門は、苦情等の報告に係る規程を営業店に指導徹底していないため、営業店限りで解決された苦情等が同部門へ報告されていない。
> 　また、同部門は、営業店から報告を受けた投信販売に係る苦情等の進捗管理を徹底していないため、未解決であるにもかかわらず放置している事例が認められる。さらに、当該苦情等に係る改善策の検討及び営業店への周知徹底が行われていないため、同様の苦情が繰り返し発生している。［信用金庫及び信用組合］

▶参考事例
● 営業推進部門が、本部各部に対して、直接受け付けた相談・苦情等を同部門に報告する旨の指示を徹底していないほか、苦情記録簿の精査など、苦情を的確に抽出するための取組も不十分なものとなっているため、本部各部が、苦情を受け付けていながら同部門に報告していないほか、同部門が、営業店から報告された相談・苦情等の中に、苦情の定義に合致するものがあるにもかかわらず、抽出していない事例（平成24年8月、63頁）。
● 与信管理部門は、顧客属性（新規・既存）別の苦情発生状況等について要因分析を行っておらず、金融円滑化委員会に対する苦情報告について、条件変更に関する苦情のみを報告対象としており、新規融資に関する苦情を報告していないことから、新規融資の申込みを受けた際に、応諾の期待を

持たせる顧客対応を行ったことから苦情が発生している事例が、複数の営業店において認められる事例（平成24年2月、23頁）。
● 融資部門が、苦情・相談の抽出対象を条件変更実施先と条件変更実施後の追加融資先に係る苦情に限定しており、それ以外の顧客説明が不十分なものなどを対象としていないため、営業店において、金利引上げ時の顧客への説明が不十分なことや新規融資案件の進捗管理を行っていないことなどに起因した苦情を抽出対象外としており、再発防止策等を講じていない事例（平成23年7月、5頁）。

▶関連法令等
　・顧客保護等管理態勢チェックリストⅡ.2、Ⅲ.3. 等
　・中小監督指針Ⅱ-3-2-6

解　説

1　顧客サポート等管理の重要性

　顧客サポート等管理は、①顧客に対する説明責任を事後的に補完する（顧客の理解と納得を得る）、②顧客からの相談・苦情等を態勢改善のための材料として活用する（PDCAサイクルの"C（Check）"、"A（Act）"への活用）という意味において、重要である。中小監督指針は、上記①について、「苦情等への迅速・公平かつ適切な対処は、顧客に対する説明責任を事後的に補完する意味合いを持つ重要な活動の一つ」（Ⅱ-3-2-6-2-1）、「苦情等への対処について、単に処理の手続の問題ととらえるにとどまらず事後的な説明態勢の問題として位置づけ、苦情等の内容に応じ顧客から事情を十分にヒアリングしつつ、可能な限り顧客の理解と納得を得て解決することを目指しているか」（Ⅱ-3-2-6-2-2(4)①）と記載している。

　また、上記②について、「社内規則等において……顧客の意見等を業務運営に反映するよう、業務改善に関する手続を定めているか」（Ⅱ-3-2-6-2-2(2)①）、「特に顧客からの苦情等が多発している場合には、まず社内規則等（苦情等対処に関するものに限らない。）の営業店に対する周知・徹底

状況を確認し、実施態勢面の原因と問題点を検証することとしているか」（Ⅱ－3－2－6－2－2(2)②）、「苦情等……の分析結果を活用し、継続的に顧客対応・事務処理についての態勢の改善や苦情等の再発防止策・未然防止策に活用する態勢を整備しているか」（Ⅱ－3－2－6－2－2(5)②）、「苦情等対処の結果を業務運営に反映させる際、業務改善・再発防止等必要な措置を講じることの判断並びに苦情等対処態勢の在り方についての検討及び継続的な見直しについて、経営陣が指揮する態勢を整備しているか」（Ⅱ－3－2－6－2－2(5)④）と記載している。

2 顧客サポート等管理における留意点

(1) 経営陣を含む全行的な取組

顧客サポート等管理を実質的に機能させるためには、相談・苦情受付窓口や担当者等の問題ではなく、経営陣を含む全行的な態勢整備の取組が必要な問題としてとらえるべきである。中小監督指針においても、「**取締役会は、苦情等対処機能に関する全行的な内部管理態勢の確立について、適切に機能を発揮しているか**」（Ⅱ－3－2－6－2－2(1)）、「苦情等対処の結果を業務運営に反映させる際、業務改善・再発防止等必要な措置を講じることの判断並びに苦情等対処態勢の在り方についての検討及び継続的な見直しについて、**経営陣が指揮する態勢を整備しているか**」（Ⅱ－3－2－6－2－2(5)④）と規定しているところである（下線部筆者）。

(2) 迅速な対処と進捗管理（長期未済案件の発生防止）

①顧客に対する説明責任を事後的に補完する（顧客の理解と納得を得る）ためには、顧客からの相談・苦情等への迅速な対処と進捗管理（長期未済案件の発生防止）が重要である。中小監督指針においても、「苦情等の解決に向けた進捗管理を適切に行い、長期未済案件の発生を防止するとともに、未済案件の速やかな解消を行う態勢を整備しているか」（Ⅱ－3－2－6－2－2(3)③）と規定しているところである。

(3) 相談・苦情等の集約・分析

②顧客からの相談・苦情等を態勢改善のための材料として活用するために

は、相談・苦情等の集約・分析（原因の検証等）が必要となる。中小監督指針においても、「特に顧客からの苦情等が多発している場合には、まず社内規則等（苦情等対処に関するものに限らない。）の営業店に対する周知・徹底状況を確認し、実施態勢面の原因と問題点を検証することとしているか」（Ⅱ－3－2－6－2－2(2)②）、「苦情等……の分析結果を活用し、継続的に顧客対応・事務処理についての態勢の改善や苦情等の再発防止策・未然防止策に活用する態勢を整備しているか」（Ⅱ－3－2－6－2－2(5)②）と規定しているところである。

(4) 関係部署への迅速な報告

迅速な対処と進捗管理（長期未済案件の発生防止）、相談・苦情等の集約・分析（原因の検証等）を機能させる前提として、受け付けた顧客からの相談・苦情等は、関係部署に迅速に報告することが必要である。中小監督指針においても、「顧客からの苦情等について、関係部署が連携の上、速やかに処理を行う態勢を整備しているか。特に、苦情等対処における主管部署及び担当者が、個々の職員が抱える顧客からの苦情等の把握に努め、速やかに関係部署に報告を行う態勢を整備しているか」（Ⅱ－3－2－6－2－2(3)②）、「苦情等及びその対処結果等が類型化の上で内部管理部門や営業部門に報告されるとともに、重要案件は速やかに監査部門や経営陣に報告されるなど、事案に応じ必要な関係者間で情報共有が図られる態勢を整備しているか」（Ⅱ－3－2－6－2－2(5)①）と規定しているところである。

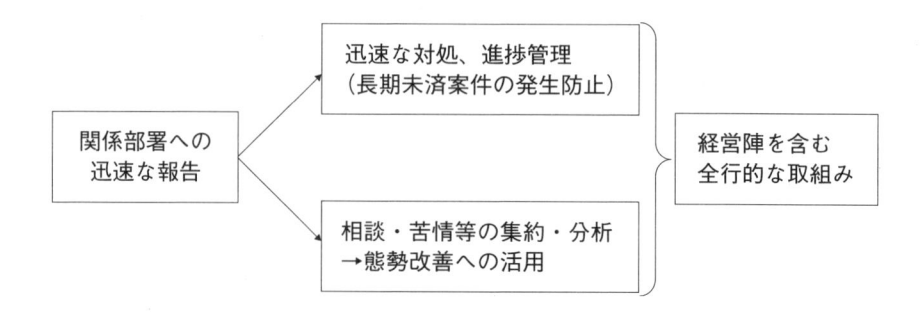

3　本事例の問題点

　本事例は、営業店限りで解決された苦情等が顧客サポート管理部門へ報告されていない上、未解決であるにもかかわらず放置している事例が認められ、また、当該苦情等に係る改善策の検討及び営業店への周知徹底が行われておらず、前記の関係部署への迅速な報告、迅速な対処と進捗管理（長期未済案件の発生防止）及び相談・苦情等の集約・分析（原因の検証等）のいずれも不十分である。

　そして、その結果、同様の苦情が繰り返し発生しており、厳しい評価は免れないであろう。

実務対応

　過去からも金融機関に対する苦情はあった。では今と昔では何が違うのだろう。それは、社会の金融機関を見る眼が変化してきたということであろう。また、その質も変化してきている。

　こうした社会情勢の変化、特に、苦情に係る対応を一歩間違えるとあっという間に評判が評判を呼び、場合によっては企業の存立さえ危なくなるといったネット社会であることを再認識すると、苦情にはより真摯に対応する必要がある。また、一部メーカーなどでいわれている「苦情こそ製品、商品改善のヒントの宝である」「苦情は営業のはじまり」といったことも今後は意識していく必要があろう。

　つまり、今後はこうした顧客サポート部門の充実がより求められることとなり、そのための人材等の育成が急務になってきているのである。早急な対策を実施する必要がある。

■ **相談・苦情等の原因分析・改善対応が不十分な事例**

＜平成21年7月、29頁＞

> ・苦情処理について、顧客サポート等管理部門は、顧客からの苦情により、他行ATM利用時に手数料のキャッシュバックが行われていないという事実を把握しているにもかかわらず、苦情を申し出た顧客に対して、営業店を通じて同手数料を返金させるにとどまっており、システムリスク管理部門等に対する原因究明及び改善対応の要請を行っていないことから、同様事象の潜在的な件数の把握や対応策の検討を行っていない。［信用金庫及び信用組合］

▶参考事例

● 与信管理部門が、営業店において発生した条件変更の申込案件の放置などによる苦情について、発生原因分析や再発防止に十分に取り組んでいないことから、条件変更申込受付後、長期間経過したことから苦情となっている事例が繰り返し発生している事例（平成24年2月、22頁）。

● リスク性商品の販売実績が減少傾向にある中、苦情件数は増加しているにもかかわらず、コンプライアンス統括部門は、再発防止策の検討を営業店任せとし、根本的な原因分析を行っておらず、また、同部門は、所管部署等から前月末までに発生した苦情等のうち未完了事案について報告を受けているにもかかわらず、十分に進捗管理を行っていないため、同部門は、営業店が同部門からの指示事項に適切に対応することなく「完了」と報告している実態を看過しており、この結果、再度苦情が発生している事例（平成23年7月、56頁）。

● 預金担保貸越取引について、顧客サポート等管理部門等が、為替相場の急変動時に、規程に反し、貸越残高が預金担保の一定割合を超えた場合の顧客への連絡を行わないまま預金と貸越残高の相殺処理を担当部署において実行したことから、苦情が発生しているにもかかわらず、顧客への事前連絡の実施等の改善策を検討していないため、それ以降の為替相場の急変動時においても、同様の原因による苦情が多数発生している事例（平成21年7月、30頁）。

● 融資謝絶案件の管理について、顧客説明管理部門は、営業店に対し融資謝

絶に係る報告を求めていないことから、融資謝絶件数や融資謝絶に係る苦情の発生件数を把握しておらず、苦情の原因分析や、同分析を踏まえた営業店指導等を行っていないため、営業店において、融資申込みに対する事務処理が遅延して苦情が発生した事例や、担当者が返済計画等を検討しないまま単独で融資謝絶を行っている事例など、内部規程に反した取扱いが多数認められる事例（平成21年7月、29頁）。

▶関連法令等
　・顧客保護等管理態勢チェックリストⅡ．2、Ⅲ．3等
　・中小監督指針Ⅱ－3－2－6

解　説

1　原因分析と改善対応における留意点

相談・苦情等を態勢改善に活用するための具体的なプロセスは、次の①から⑤となると考えられる。

① 　相談・苦情等の分析・類型化
② 　当該分析・類型化した結果をふまえた、態勢上の問題点・原因の分析
③ 　かかる原因分析結果に基づく再発防止策の策定
④ 　再発防止策の実施とこれに対するモニタリング・フォローアップ
⑤ 　モニタリング・フォローアップの結果に基づく再発防止策の見直し

こうしたプロセスの実行が不十分であり、再度問題事象や同種の苦情が発生した場合には、厳しい評価は免れないであろう。

2　本事例の問題点

本事例では、顧客サポート等管理部門が、顧客からの苦情により、他行ATM利用時に手数料のキャッシュバックが行われていないという事実を把握しているにもかかわらず、苦情を申し出た顧客に対して、営業店を通じて同手数料を返金させるにとどまっており、システムリスク管理部門等に対する原因究明及び改善対応の要請を行っていない。

苦情を申し出た顧客に対する個別対応も必要ではあるが（顧客に対する手数料の返金等）、本事例では、その場限りの対応にとどまり、関連部署への原因分析・改善対応の要請がなされていないため、根本的な態勢改善にはつながっていない点が問題である。

> **実務対応**
>
> 　苦情を受けた場合に注意すべき点として、
> ・本事例のように単に返金さえすればよいのか、遅延損害金はどうか。
> ・本当に顧客が満足しているのか。担当者の思い込みではないか。
> ・同様の事案の発生を防ぐため、過去の苦情等に同様のものがなかったか、その時の対応はどうであったのかについて検証しているか。
> ・顧客サポート部門として、改善のためのPDCAをフォローできる態勢となっているのか。
> ・経営陣への報告が件数等の報告にとどまっていないか。
> といった点を踏まえ、再度態勢の見直しを行うことが今求められているのであろう。
> 　また、苦情を嫌なものととらえず、より前向きにとらえ、組織内の業務の改善に役立てていく必要がある。

IV 外部委託先管理

■ 外部委託先の顧客情報管理状況の把握が不十分であるとされた事例

> ＜平成22年7月、41頁＞
> ・事務管理部門が、委託先の管理担当部署に対する指示を行っていないことから、委託先の安全管理措置の遵守状況の確認を行っていない事例が認められる。中には、顧客情報を取り扱うことが想定される委託先との間で顧客情報保護に関する取決めを締結していない事例が認められる。［信用金庫及び信用組合］

▶参考事例
- コンプライアンス統括部門が、統括部署として委託先の管理状況を把握しておらず、経営陣への報告も行っていないなど、委託業務及び外部委託先に提供した顧客情報を適切に管理していない事例（平成23年2月、54頁）。

▶関連法令等
- 顧客保護等管理態勢チェックリストⅡ．4．等
- 中小監督指針Ⅱ－3－2－4－2(1)等

▌解　説

1　外部委託先における顧客情報管理

外部委託先については、金融機関の管理・監督が及びにくく、外部委託先における顧客情報の漏えい等も散見されるところであり、外部委託先における顧客情報管理の状況を適切に把握することは重要である。

中小監督指針Ⅱ－3－2－4－2(1)でも、次のような項目が設けられているところである。

① 委託先における目的外使用の禁止も含めて顧客等に関する情報管理が整備されており、委託先に守秘義務が課せられているか。
② 個人である顧客に関する情報の取扱いを委託する場合には、施行規則第13条の6の5に基づき、その委託先の監督について、当該情報の漏えい、滅失又はき損の防止を図るために必要かつ適切な措置として以下の措置が講じられているか。
  イ．保護法ガイドライン[13]第12条の規定に基づく措置

＜保護法ガイドライン第12条＞
第12条　委託先の監督（法第22条及び基本方針関連）
1　金融分野における個人情報取扱事業者は、個人データの取扱いの全部又は一部を委託する場合は、その取扱いを委託された個人データの安全管理が図られるよう、法第22条に従い、委託を受けた者に対する必要かつ適切な監督を行わなければならない。
　当該監督は、個人データが漏えい、滅失又はき損等をした場合に本人が被る権利利益の侵害の大きさを考慮し、事業の性質及び個人データの取扱状況等に起因するリスクに応じたものとする。
2　「委託」には、契約の形態や種類を問わず、金融分野における個人情報取扱事業者が他の者に個人データの取扱いの全部又は一部を行わせることを内容とする契約の一切を含む。
3　金融分野における個人情報取扱事業者は、個人データを適正に取り扱っていると認められる者を選定し委託するとともに、

---

[13] 「金融分野における個人情報保護に関するガイドライン」

取扱いを委託した個人データの安全管理措置が図られるよう、個人データの安全管理のための措置を委託先においても確保しなければならない。なお、二段階以上の委託が行われた場合には、委託先の事業者が再委託先等の事業者に対して十分な監督を行っているかについても監督を行わなければならない。

　具体的には、金融分野における個人情報取扱事業者は、例えば、

① 個人データの安全管理のため、委託先における組織体制の整備及び安全管理に係る基本方針・取扱規程の策定等の内容を委託先選定の基準に定め、当該基準に従って委託先を選定するとともに、当該基準を定期的に見直すこと

② 委託者の監督・監査・報告徴収に関する権限、委託先における個人データの漏えい・盗用・改ざん及び目的外利用の禁止、再委託に関する条件及び漏えい等が発生した場合の委託先の責任を内容とする安全管理措置を委託契約に盛り込むとともに、定期的又は随時に当該委託契約に定める安全管理措置の遵守状況を確認し、当該安全管理措置の見直すこと

を行わなければならない。

ロ．実務指針[14]Ⅲの規定に基づく措置

＜実務指針Ⅲ＞

Ⅲ．金融分野における個人情報保護に関するガイドライン第12条に定める「委託先の監督」について

　金融分野における個人情報取扱事業者は、ガイドライン第12条第3項に基づき、個人データを適正に取扱っていると認めら

---

[14] 「金融分野における個人情報保護に関するガイドラインの安全管理措置等についての実務指針」

れる者を選定し、個人データの取り扱いを委託するとともに、委託先における当該個人データに対する安全管理措置の実施を確保しなければならない。

（個人データ保護に関する委託先選定の基準）

5－1　金融分野における個人情報取扱事業者は、個人データの取り扱いを委託する場合には、ガイドライン第12条第3項①に基づき、次に掲げる事項を委託先選定の基準として定め、当該基準に従って委託先を選定するとともに、当該基準を定期的に見直さなければならない。

①　委託先における個人データの安全管理に係る基本方針・取扱規程等の整備

②　委託先における個人データの安全管理に係る実施体制の整備

③　実績等に基づく委託先の個人データ安全管理上の信用度

④　委託先の経営の健全性

5－1－1　委託先選定の基準においては、「委託先における個人データの安全管理に係る基本方針・取扱規程等の整備」として、次に掲げる事項を定めなければならない。

①　委託先における個人データの安全管理に係る基本方針の整備

②　委託先における個人データの安全管理に係る取扱規程の整備

③　委託先における個人データの取扱状況の点検及び監査に係る規程の整備

④　委託先における外部委託に係る規程の整備

5－1－2　委託先選定の基準においては、「委託先における個人データの安全管理に係る実施体制の整備」として、Ⅰ(2) 1)の組織的安全管理措置、同2)の人的安全管理措置及び同3)の技術的安全管理措置に記載された事項を定めるとともに、委託先

> から再委託する場合の再委託先の個人データの安全管理に係る実施体制の整備状況に係る基準を定めなければならない。
> 5-2　金融分野における個人情報取扱事業者は、5-3に基づき、委託契約後に委託先選定の基準に定める事項の委託先における遵守状況を定期的又は随時に確認するとともに、委託先が当該基準を満たしていない場合には、委託先が当該基準を満たすよう監督しなければならない。
>
> (委託契約において盛り込むべき安全管理に関する内容)
> 5-3　金融分野における個人情報取扱事業者は、委託契約において、次に掲げる安全管理に関する事項を盛り込まなければならない。
>   ①　委託者の監督・監査・報告徴収に関する権限
>   ②　委託先における個人データの漏えい、盗用、改ざん及び目的外利用の禁止
>   ③　再委託における条件
>   ④　漏えい事案等が発生した際の委託先の責任
> 5-4　金融分野における個人情報取扱事業者は、5-3に基づき、定期的又は随時に委託先における委託契約上の安全管理措置の遵守状況を確認するとともに、当該契約内容が遵守されていない場合には、委託先が当該契約内容を遵守するよう監督しなければならない。また、金融分野における個人情報取扱事業者は、定期的に委託契約に盛り込む安全管理措置を見直さなければならない。

③　外部委託先の管理について、責任部署を明確化し、外部委託先における業務の実施状況を定期的又は必要に応じてモニタリングする等、外部委託先において顧客等に関する情報管理が適切に行われていることを確認しているか。

④　外部委託先において漏えい事故等が発生した場合に、適切な対応

がなされ、速やかに委託元に報告される体制になっていることを確認しているか。

⑤ 外部委託先による顧客等に関する情報へのアクセス権限について、委託業務の内容に応じて必要な範囲内に制限しているか。その上で、外部委託先においてアクセス権限が付与される役職員及びその権限の範囲が特定されていることを確認しているか。さらに、アクセス権限を付与された本人以外が当該権限を使用すること等を防止するため、外部委託先において定期的又は随時に、利用状況の確認（権限が付与された本人と実際の利用者との突合を含む。）が行われている等、アクセス管理の徹底が図られていることを確認しているか。

⑥ 外部委託先において漏えい事故等が発生した場合に、適切な対応がなされ、速やかに委託元に報告される体制になっていることを確認しているか。

⑦ 外部委託先による顧客等に関する情報へのアクセス権限について、委託業務の内容に応じて必要な範囲内に制限しているか。

その上で、外部委託先においてアクセス権限が付与される役職員及びその権限の範囲が特定されていることを確認しているか。

さらに、アクセス権限を付与された本人以外が当該権限を使用すること等を防止するため、外部委託先において定期的又は随時に、利用状況の確認（権限が付与された本人と実際の利用者との突合を含む。）が行われている等、アクセス管理の徹底が図られていることを確認しているか。

⑧ 二段階以上の委託が行われた場合には、外部委託先が再委託先等の事業者に対して十分な監督を行っているかについて確認しているか。また、必要に応じ、再委託先等の事業者に対して自社による直接の監督を行っているか。

⑨ クレーム等について顧客から銀行への直接の連絡体制を設けるな

ど適切な苦情相談体制が整備されているか。

2 本事例の問題点

　本事例では、事務管理部門が、委託先の管理を担当する部署に対する指示を行っていないことから、委託先の安全管理措置の遵守状況の確認を行っていない事例や顧客情報を取り扱うことが想定される委託先との間で顧客情報保護に関する取決めを締結していない事例が認められている。

　委託先の安全管理措置の遵守状況の確認の方法としては、委託先における顧客情報管理態勢（規程、顧客情報管理に関する組織体制等）の確認、委託先に対する顧客情報管理状況に関する報告徴求等が考えられるが、これは、顧客情報の取扱いを外部委託する場合には、必須の対応といえる。

　また、委託先との間で顧客情報保護に関する取決めを締結することについても、かかる契約上の取決めがなければ、委託先の安全管理措置の遵守状況の確認や委託先で顧客情報漏えい等が発生した場合の対応等が十分に行えないことから、外部委託先管理の基本的な対応ができていないものとして、問題であるといえる。

実務対応

　金融機関の管理実務として難しいものの一つが、外部委託であろう。外部委託先管理が困難であるのは、まさにそれが、自金融機関の中ではなく、外部の問題であるという点にある。

　外部に委託する場合は、一担当部署のみに任せることなく、組織として委託契約に至るプロセスを明確化するなど、リーガル・チェックをしっかり行える態勢が必要であろう。

■ 再委託先の管理

> ＜平成23年2月、54頁＞
> （規模・特性等）
> ・主要行等および外国銀行支店
> 【検査結果】
> ・当行は、個人情報保護に関する適切な内部管理体制の構築に関して責任を負う個人情報管理責任者を任命している。
> 　個人情報漏えい等の事故が発生した場合の対応については、発生部署より速やかに同責任者に報告し、同責任者が当局届出の要否を検討するとともに、事実関係の確認や再発防止策を策定することとしている。
> 　こうした中、再委託先における個人情報漏えいについて、同責任者は、発生報告を受けた際に事実関係の把握や再発防止策の徹底が不十分であったことから、同一の再委託先において情報漏えいが再発している。

▶関連法令等
　・中小監督指針Ⅱ－3－2－4－2(1)等

▌解　説

1　再委託先の管理

　再委託先で個人情報漏えい等の問題が発生した場合、委託元である金融機関も損害賠償責任等を追及されるおそれがあり、再委託先の管理・監督を行うことも重要である。

　ただし、再委託先については、その数も多いと思われることから、委託元である金融機関がその全てを直接的に管理・監督することは、コスト・事務負担等の面から容易ではないと考えられ、また、効率性に欠ける面もあると

思われる。

したがって、委託元である金融機関としては、原則的には、委託先が再委託先を適切に管理しているかを確認することでよいと考えられる（中小監督指針Ⅱ－3－2－4－(1)⑧）。

具体的には、委託先が再委託先との間で、顧客情報管理（守秘義務等）に関する契約を締結しているかを確認し、定期的又は随時に、委託先から、再委託先の顧客情報管理の状況のモニタリング結果を聴取するなどして検証することが考えられる。

しかし、再委託先が取り扱う顧客情報の内容・件数等によっては、委託元が自ら直接的に再委託先における顧客情報管理の状況を点検することが必要となる場合がある。

例えば、再委託先が漏えい等をした場合に、顧客が被る経済的損失や精神的苦痛の程度が大きい情報[15]を取り扱っている場合には、委託元である金融機関が、定期的又は随時に、再委託先に対して、直接点検又は立入検査を行うことが考えられる。

ただし、委託元である金融機関は、通常、再委託先との間に直接の契約関係はないことから、再委託先に対して、直接点検又は立入検査を行うことが困難な場合も考えられる。このような場合には、委託元である金融機関において、再委託先に対する点検・検査項目等を作成し、実際の点検又は立入検査は委託先が行い、その結果を委託元である金融機関において検証することが考えられる。また、委託元である金融機関が単独で再委託先に対する点検又は立入検査を行うことができない場合には、委託先による点検又は立入検査に、委託元である金融機関が同行する形で検証することも考えられる。

2　本事例の問題点

本事例では、委託元である金融機関の個人情報管理責任者が、再委託先に

---

[15] 経済的損失が大きい情報としては、クレジットカード情報、口座番号・パスワード等、精神的苦痛が大きい情報としては、介護状況、病歴・手術歴、妊娠歴、職歴・学歴、保険・共済加入状況等が考えられる。

おける個人情報漏えいの発生報告を受けたものの、事実関係の把握や再発防止策の徹底を十分に行わなかったことから、同一の再委託先において情報漏えいが再発している。

　まずは、再委託先において個人情報の漏えい事故等が発生した場合に、（委託先を介すにしても、介さずにしても）委託元である金融機関に迅速に報告がなされる態勢を構築することが必要であるが、これが構築できていたとしても、単に報告を受けるだけでは不十分であり、委託元である金融機関としても、当該漏えい事故等に適切に対応するために事実関係の把握を行い、更に、委託先・再委託先と協働して、原因分析、再発防止策の策定等を行うことが必要である。原因分析、再発防止策の策定等が不十分であり、同種の事案が再発したとなれば、自主的な態勢整備が期待できないとされ、厳しい評価は免れないであろう。

> **実務対応**
>
> 　前記のとおり、委託元である金融機関が、定期的又は随時に、再委託先に対して、立入検査等を行うことが必要となる場合があるが、いかなる場合に立入検査等を行うのか、また、どのように点検を行うのか（前記のとおり、委託元は、通常、再委託先との間に直接の契約関係はないことから、再委託先に対して、直接点検・立入検査を行うことが困難な場合も考えられ、委託元において、再委託先に対する点検・検査項目等を作成し、実際の点検・立入検査は委託先が行い、その結果を委託元において検証することや、委託元が単独で再委託先に対する点検・立入検査を行うことができない場合には、委託先による点検・立入検査に同行する形で検証すること等が考えられる。）等について、内部規程において明確化し、併せてリスクベースで検証の周期を具体化するなど、再委託先における状況を検証できる態勢を構築することが必要である。

■ 外部委託先の業務に関する相談・苦情等処理態勢の不備

＜平成23年2月、51～52頁＞
　顧客保護を担当する事務リスク管理部門が営業店における文書管理状況の実態把握を行っていないことや、所管部署等が外部委託先へのモニタリングを十分に行っていないことなどから、以下のような問題点が認められる。
・当行は、債権の管理・回収業務に係るシステム関連業務についても外部委託しているが、委託先のシステムトラブルにより返済不能となる事態が発生し、当行の顧客に対する影響や苦情等が発生している。しかしながら、経営陣は、対応策を適切に検討しないまま、委託先にすべての対応を任せ、当行の問題として把握、検証していない。
・また、当行は、当行債権の管理・回収業務についても外部委託しているが、所管部署が、委託先の具体的な管理方法を明確に規定していないなど、モニタリング機能が十分に発揮されていない。
　こうした中、所管部署は、委託先の担当者が債権回収交渉の過程で適切さを欠いた言動を発していることを確認できたにもかかわらず、委託先への改善や指導が必要との認識を欠き、対応をとらないまま、訴訟に至っている事例が発生している。

▶関連法令等
・顧客保護等管理態勢チェックリストⅡ4(2)⑤
・中小監督指針Ⅱ-3-2-6-2-2(3)⑥

解　説

1　相談・苦情等の対応

　充実した顧客サポート等のためには、委託元は、外部委託先に関する相談・苦情等についても、顧客から直接の連絡態勢を設けるなど、外部委託先が行う外部委託業務に係る顧客からの相談・苦情等を適切かつ迅速に処理するための措置を講じることが必要である。

　そして、顧客の相談・苦情等を踏まえ、委託元は外部委託先と協議をしながら、態勢改善を行うことが求められる。

2　本事例の問題点

　本事例では、委託先のシステムトラブルにより返済不能となる事態が発生し、当行の顧客に対する影響や苦情等が発生しているにもかかわらず、対応を委託先任せにし、委託元たる金融機関の問題として把握、検証していない。また、所管部署が、委託先の具体的な管理方法を明確に規定していないなど、モニタリング機能が十分に発揮されていないために、所管部署は、委託先の担当者が債権回収交渉の過程で適切さを欠いた言動を発していることを確認できたにもかかわらず、委託先への改善や指導が必要との認識を欠き、対応をとらなかったことから、訴訟にまで発展している。

　委託元が顧客からの苦情を踏まえて、委託先とともに対応策の協議を行わず、委託先任せにしたことが問題であると考えられる。

実務対応

　本件のような指摘事例はいろいろな場面で発生する。

　委託した金融機関からすれば「委託先の対応に問題があるのだろう」、委託された先からすれば「そもそもこうした業務を委託した金融機関が対応すべき」、顧客からすれば「誰が責任をもって対応してくれるのか」。

　これらの対応には顧客保護の目線は全くない。

　金融機関として「業務を委託したイコール自分は関係ない」といった認識がどこかにあるのであろう。

実務的には、業務委託を行う際に委託先との間で委託業務に係る苦情が発生した場合の対応につき、取り決めをしておくこと、あるいは、金融機関の側で苦情等を受付し、その対応に委託先が全面的に協力する旨を明確にしておくことが必要である。
　いずれにせよ、業務を委託した金融機関側が主体性を発揮する必要がある。

Ⅴ 利益相反管理

1 利益相反管理態勢の内容

　平成21年6月1日に施行された改正銀行法は、銀行等に対して、以下のような措置を講じることを求めている（銀行法13条の3の2、52条の21の2、銀行法施行規則14条の11の3の3、34条の14の3）。

> ① 利益相反により顧客の利益が不当に害されるおそれのある取引（以下「対象取引」という。）を適切な方法により特定するための体制の整備
> ② 次に掲げる方法その他の方法により当該顧客の保護を適正に確保するための体制の整備
> 　ア．対象取引を行う部門と当該顧客との取引を行う部門を分離する方法
> 　イ．対象取引または当該顧客との取引の条件または方法を変更する方法
> 　ウ．対象取引または当該顧客との取引を中止する方法
> 　エ．対象取引に伴い、当該顧客の利益が不当に害されるおそれがあることについて、当該顧客に適切に開示する方法
> ③ ①および②に掲げる措置の実施の方針の策定およびその概要の適切な方法による公表
> ④ 次に掲げる記録の保存
> 　ア．①の体制の下で実施した対象取引の特定に係る記録
> 　イ．②の体制の下で実施した顧客の保護を適正に確保するための措置に係る記録

これらは、金融機関・金融グループにおける高い自己規律に基づいた自主的な取組が促進されるよう、原則的な規定を定めるものであり、求められる体制・措置の具体的な内容については、金融機関・金融グループが行う業務の内容、規模・特性等を踏まえて判断されるべきものとされている（プリンシプル・ベースの規制）。

　例えば、②のア〜エに掲げる措置は利益相反管理の方法を例示するものであるが、具体的にいかなる態勢整備が求められるかについては、個別事例ごとに実態に即して判断されるべきものと考えられる。

2　利益相反管理の対象取引

　いかなる取引を利益相反管理の対象とするかについては、当該銀行等の業務の内容、規模・特性等を踏まえて判断することになるため、一律に基準を設けることはできないが、一応の目安としては、次のように整理できる。

(1)　特定・類型化

　銀行等は、銀行等やグループ会社等の業務内容、規模・特性を考慮して、利益相反のおそれがある取引をあらかじめ特定・類型化することが必要となる（中小監督指針Ⅲ－4－12－2(1)、金融コングロマリット監督指針Ⅱ－3－8(1)）。

(2)　顧客の利益が不当に害されるおそれがある場合

　利益相反管理の対象となる取引は、「顧客の利益が不当に害されるおそれがある場合における当該取引」（銀行法施行規則14条の11の3の3第3項、34条の14の3第3項）である。

　いかなる場合に「顧客の利益が不当に害されるおそれがある」かについては、顧客が銀行等に対して、自己の利益が保護されるとの合理的な期待を有する関係、すなわち、銀行等が顧客に対して、何らかの法律上・事実上の善管注意義務・忠実義務等を負う関係があるか否かによって判断することが考えられる。

　一般に、財務アドバイザリー業務、M&Aアドバイザリー業務、コンサルティング業務、シンジケート・ローンのアレンジャー業務・エージェント業

務等を提供する場合には、顧客に対して、善管注意義務や忠実義務等を負う可能性があると考えられる。

したがって、例えば、顧客に対して財務アドバイザリー業務を提供しながら、自行で取り扱う商品を提供するような場合（銀行と顧客の利益が対立する場合）、顧客Aに対してM&Aアドバイザリー業務を提供しながら、当該M&Aの相手方である顧客Bに対して助言を行う場合（顧客と顧客の利益が対立する場合）等には、一般に、利益相反取引として管理する必要があると考えられる。

なお、平成20年11月14日付け金融庁「金融商品取引業者等向けの総合的な監督指針の一部改正（案）の公表について」の別紙1[16]では、利益相反のおそれのある取引例が示されており、一応の参考にはなるが、これに拘束される必要はない。

3　利益相反取引の管理方法

銀行法では、利益相反のおそれのある取引の管理方法として、下記①〜④の方法その他の方法が列挙されている（銀行法施行規則14条の11の3の3、34条の14の3）。なお、「その他の方法」とされているので、下記①〜④は例示にすぎない。

また、登録金融機関である銀行については、金融商品取引業等に関する内閣府令70条の3も適用されるが、内容は銀行法施行規則14条の11の3の3と同様である。

> ①　対象取引を行う部門と当該顧客との取引を行う部門を分離する方法
> ②　対象取引または当該顧客との取引の条件または方法を変更する方法
> ③　対象取引または当該顧客との取引を中止する方法

---

[16] http://www.fsa.go.jp/news/20/syouken/20081114-4.html#bessi1

> ④ 対象取引に伴い、当該顧客の利益が不当に害されるおそれがあることについて、当該顧客に適切に開示する方法

　また、中小監督指針Ⅲ－4－12－2(2)は、利益相反管理の方法として、利益相反の特性に応じ、例えば以下のような管理方法を選択し、又は組み合わせることができる体制が整備され、定期的に管理方法の検証を行うことを求めている。

> ⅰ　部門の分離（情報共有先の制限）
> 　※　情報共有先の制限を行うにあたっては、利益相反を発生させる可能性のある部門間において、システム上のアクセス制限や物理上の遮断を行う等、業務内容や実態を踏まえた適切な情報遮断措置を講じることが求められる。
> ⅱ　取引条件または方法の変更、一方の取引の中止
> 　※　取引条件または方法の変更、もしくは一方の取引の中止を行うにあたり、親金融機関等または子金融機関等の役員等が当該変更または中止の判断に関与する場合を含め、当該判断に関する権限および責任を明確にすることが求められる。
> ⅲ　利益相反事実の顧客への開示
> 　※　顧客に利益相反の事実を開示する場合には、利益相反の内容、開示する方法を選択した理由（他の管理方法を選択しなかった理由を含む）等を明確かつ公正に、たとえば書面等の方法により開示したうえで顧客の同意を得るなど、顧客の公正な取扱いを確保する態勢とし、また、開示内容の水準を対象となる顧客の属性に十分に適合したものとすることが求められる。

　更に、登録金融機関である場合には、金商業者等監督指針も適用され、第一種金融商品取引業者の「利益相反管理体制の整備」（同監督指針Ⅳ－1－3）に準じた取扱いをするものとされている（同監督指針Ⅷ－1）。

金商業者監督指針Ⅳ－1－3⑶には、以下のとおり記載されている。

① 特定された利益相反のおそれのある取引の特性に応じ、例えば以下のような点に留意しつつ、適切な利益相反管理の方法を選択し、または組み合わせることができる態勢となっているか。
　イ．部門の分離による管理を行う場合には、当該部門間で厳格な情報遮断措置（システム上のアクセス制限や物理上の遮断措置）が講じられているか。
　ロ．取引の条件若しくは方法の変更または一方の取引の中止の方法による管理を行う場合には、親金融機関等または子金融機関等の役員等が当該変更又は中止の判断に関与する場合を含め、当該判断に関する権限及び責任が明確にされているか。
　ハ．利益相反のおそれがある旨を顧客に開示する方法による管理を行う場合には、想定される利益相反の内容及び当該方法を選択した理由（他の方法を選択しなかった理由を含む。）について、当該取引に係る契約を締結するまでに、当該顧客に対して、顧客の属性に応じ、当該顧客が十分理解できるような説明を行っているか。
　ニ．情報を共有する者を監視する方法による管理を行う場合には、独立した部署等において、当該者の行う取引を適切に監視しているか。
② 自社および子金融機関等が新規の取引を行う際には、当該取引との間で利益相反が生じることとなる取引の有無について、必要な確認が図られる態勢となっているか。
③ 利益相反管理の方法について、その有効性を確保する観点から、定期的な検証が行われる態勢となっているか。

　登録金融機関である銀行の場合は、銀行法と金商法がそれぞれ求める態勢整備義務のいずれも満たす必要がある。これらの態勢整備義務については、別々の社内規則を設けるなど、必ずしも分離して行う必要はないが、態勢整

備義務の実施が確保されるよう、銀行は、それぞれの法律で求められる態勢整備義務の範囲を的確に把握する必要がある。

■ グループの利益相反管理が不十分であることを指摘する事例

> ＜平成22年7月、別冊1・4頁＞
> ・利益相反に係る弊害防止態勢に関して、金融持株会社のコンプライアンス委員会は、グループ内の利益相反に係るリスク評価を行っているが、最終判断をグループ内会社各社に任せており、同委員会での協議内容を踏まえた防止措置を実施するための態勢を整備していないほか、同委員会は、案件進捗に伴う新たな利益相反の発生の有無等に係るモニタリングを実施していない。
> 　また、金融持株会社のコンプライアンス統括部門による利益相反チェックについては、チェック対象が敵対的な買収案件等に限定されており、それ以外のグループ内会社間で生じる利益相反についてはチェックが行われていない。

▶参考事例

● 営業推進部門が、顧客の資産運用についての助言を行う場合については、顧客と当行との間に利益相反が生じるおそれが認められるケースがあるにもかかわらず、業務の取扱いが少ないことを理由として、利益相反管理の対象取引としておらず、また、コンプライアンス統括部門も、営業推進部門に対して、当該業務に係る利益相反管理態勢の整備を図るよう、助言・指導を行っていない事例（平成24年8月、69頁）。

▶関連法令等

・銀行法13条の3の2、52条の21の2 等

・顧客保護等管理態勢チェックリストⅡ．5、金融持株会社に係る検査マニュアル（銀行持株会社用）・グループ経営（ガバナンス）態勢の確認検査用チェックリストⅣ．3．等
・中小監督指針Ⅲ－4－12、金融コングロマリット監督指針Ⅱ－3－8等

解　説

1　利益相反管理の対象取引

前記のとおり、いかなる取引を利益相反管理の対象とするかについては、当該銀行グループの業務の内容、規模・特性等を踏まえて判断することになる。

銀行グループとしては、利益相反のおそれがある取引をあらかじめ特定・類型化することが必要となるが（中小監督指針Ⅲ－4－12－2(1)、金融コングロマリット監督指針Ⅱ－3－8(1)）、このとき、いかなる取引が「顧客の利益が不当に害されるおそれがある場合」に該当するのかについて適切に判断する必要がある。

2　本事例の問題点

(1)　金融持株会社主導のグループ管理の不備

金融グループにおいては、グループ内会社間での利益相反も問題となり得るところ、グループ内会社間の利益相反については、グループ内会社各社が個別に管理を行うことは難しく、グループの経営管理を行う金融持株会社（銀行法52条の21、保険業法271条の21）にて行う必要がある。

しかし、本事例では、金融持株会社はグループ内の利益相反に係るリスク評価の最終判断をグループ内会社各社に任せており、金融持株会社での協議内容を踏まえた利益相反管理（利益相反防止措置の実施）を行う態勢が整備されていないため、グループ内会社間での利益相反の管理が十分になされないおそれがあり、問題とされたものと考えられる。

(2)　モニタリングの不備

前記のとおり、利益相反管理においては、事前に利益相反管理の対象取引

をあらかじめ特定・類型化することが必要であるが、様々なプロジェクトやスキーム等を実施していく中で、新たに利益相反管理を行う必要が生じることも想定される。

そのため、一度、利益相反管理の対象取引を特定・類型化したからといって、それで終えるのではなく、新たに利益相反管理を行う必要のある取引等が発生していないかについて、随時モニタリングを行うことも必要である。

本事例では、金融持株会社において、案件進捗に伴う新たな利益相反の発生の有無等に係るモニタリングを実施しておらず、問題とされたものと考えられる。

(3) 利益相反管理の対象取引の特定の不備

前記のとおり、利益相反管理の対象取引については、グループの業務の内容、規模・特性等を踏まえて判断することになるため、一律に基準を設けることはできないが、本事例では、利益相反管理のチェック対象が敵対的な買収案件等に限定されており、それ以外のグループ会社間で生じる利益相反についてはチェックが行われておらず、利益相反管理の対象取引としては範囲が狭すぎると思われる。

金融機関は、M&Aアドバイザリー業務（敵対的な買収案件等）のほか、財務アドバイザリー業務、コンサルティング業務、シンジケート・ローンのアレンジャー業務・エージェント業務等についても、一般に、善管注意義務や忠実義務等を負う可能性があることから、このような業務についても、利益相反管理の必要がないか検証する必要があると考えられる。

実務対応

利益相反管理の具体的な対応としては、
・グループ内の利益相反の対象取引の選定と継続的な見直し
・利益相反の対象取引に係る内部監査の実施
・モニタリング態勢の整備（モニタリング部署の特定）
などを実践することが必要であろう。

■ 利益相反に関するモニタリングの不備

> ＜平成21年7月、32頁＞
> ・利益相反の防止への取組について、利益相反管理担当部門は、グループ内証券会社と協働して取り扱う事案等についてモニタリングを行っていないことなどから、当行営業職員が、内部規程に反し、本店の承認を受けることなく、顧客と契約を締結している事例が認められる。［主要行等及び外国銀行支店］

▶関連法令等
　・銀行法13条の3の2等
　・顧客保護等管理態勢チェックリストⅡ．5．等
　・中小監督指針Ⅲ－4－12等

解　説

本事例の問題点

　利益相反管理の方法として、利益相反が発生する可能性がある取引等が判明した場合に、当該取引等の担当部署（営業部署）から利益相反管理担当部署に報告を上げ、対応を決定することが考えられる。本事例でも、銀行とグループ内証券会社が協働して取り扱う事案等については、利益相反管理の対象としており、これを実行する際には、本店の承認が必要とされていたと考えられる。

　そして、金融機関の規模・特性にもよるが、利益相反管理が適切になされているかを検証するために、利益相反管理担当部署がモニタリングを行うことも考えられる。

　本事例では、利益相反管理担当部門が、グループ内証券会社と協働して取り扱う事案等についてモニタリングを行っていないことなどから、営業職員が、内部規程に反して、本店の承認を受けることなく、顧客と契約を締結し

ているという内部規程違反が生じており、問題とされている。

ただし、利益相反管理担当部署の人員等によっては、モニタリングを実施できるケースが限られる場合もあると思われる。

そこで、モニタリングの実施に加えて、営業部署等に対して、研修等で、利益相反管理に係る具体的な取引事例等を示しながら、管理を行う必要性、管理が必要となるケース、管理を行う場合の手続き等について、周知徹底を図ることも必要である。

> **実務対応**
>
> 「利益相反」については、よく「プリンシプル・ベース」で考える必要があるといわれている。
>
> したがって、各金融機関においてどういったものが自金融機関にとって「利益相反」になるのかについて、理解・整理しておくことが重要である。
>
> このことは、自金融機関だけでなく、グループ会社を含む自金融機関グループ全体で共有する必要がある（これは、「利益相反」だけではなく、金融業務全般についてもいえることである）。
>
> したがって、「利益相反」については、グループ全体のこととしてとらえ、コンプライアンス委員会など、組織内を「横断的」に把握できる組織体において、議論・牽制できる態勢を整備していくとともに、「利益相反」について、定期的に統括部署がモニタリング結果を報告する仕組みを構築する必要がある。
>
> また、「利益相反」について定期的に研修等で課題として取り上げ、グループ会社を含む全役職員に対して、いかなる取引が利益相反の対象となるのかについて、具体的に周知していくことが必要であろう。

第4章

金融グループ管理態勢

■ 金融持株会社のリスク管理部門が、グループ全体の信用集中リスク等の評価を行っていない事例

> ＜平成22年7月・別冊1、3頁＞
> ・金融持株会社のリスク管理部門は、管理すべきリスクを特定するため、グループ全体の信用集中リスクや、持株会社自身に所在する法務リスク及び風評リスクの評価を行っていない。

▶参考事例
● 金融持株会社の統合的リスク管理部門が、グループ会社の市場部門や営業推進部門等のストレス・シナリオに関する検討結果を把握しておらず、グループ共通のシナリオに反映していないなど、シナリオの信頼性確保に向けた取組が十分に行われていない事例（平成22年7月・別冊1、3頁）。

▶関連法令等
・金融持株会社に係る検査マニュアル（銀行持株会社用）グループ統合的リスク管理態勢の確認検査用チェックリストⅡ．２．(2)
・金融コングロマリット監督指針Ⅱ－２－２

■ 解　説
1　グループ全体としてのリスク管理
　グループ全体としてのリスク管理を適切に行うためには、まずは、金融持株会社や親会社（以下「親会社等」という。）において、グループの戦略目標等を踏まえて、グループ内のリスクを特定し、これを反映したグループとしてのリスク管理方針を定めてグループ内に周知した上、個々のグループ会社において、これと整合するようにリスク管理方針を策定する必要がある。
　そして、親会社等は、リスクに関する報告事項・報告頻度等を定め、グループ会社からのリスク管理状況（リスク情報）の報告をもとに、グループ

におけるリスクのモニタリング、統合的な評価を行う必要がある。

2　本事例の問題点

　本事例では、そもそも金融持株会社のリスク管理部門が、グループ全体の信用集中リスク等の評価を行っていない。そのため、グループとして管理すべきリスクを特定することができておらず、問題といえる。

実務対応

　リスクについては、何も自金融機関だけに存在しているのではなく、当然子会社においても存在する。

　金融グループにおいては、グループ会社にこそ適切なリスク管理や報告態勢の整備が求められることとなる。

　したがって、グループ会社に対して、定期的な指導、監査等を実施するとともに、適時・適切にグループ会社から報告がなされるような態勢づくり（窓口の一本化、グループコンプライアンス委員会等の活用）が必要となる。

■ 子会社の経営計画等の検証が不十分である事例

＜平成22年7月・別冊1、1頁＞

・金融持株会社の取締役会は、子銀行の経営計画における計数目標等の各種戦略の妥当性を検証していない。そのほか、グループ全体の経営計画の履行状況に関し、計画比マイナスとなっている事業が認められるにもかかわらず、原因分析や対応策などについて十分な議論を行っていないなど、子銀行に対して適切な指導を行っていない。

第4章　金融グループ管理態勢　163

▶参考事例
- 経営企画部門が、子会社の増資時に経営改善計画の実現可能性を検証しているものの、それ以降は、外部環境の変化や、子会社の事業進捗等を踏まえた検証を行っておらず、また、子会社の経営状況等を経営会議に報告していない事例（平成24年8月、13頁）
- 経営会議が、住宅ローンに係るリスク分析結果が保証子会社の財務内容等に与える影響などの分析を総合企画部門等に指示していないほか、同社の経営改善計画の見直しの必要性を検討していない事例（平成23年7月、13頁）。

▶関連法令等
・金融持株会社に係る検査マニュアル（銀行持株会社用）グループ経営（ガバナンス）態勢の確認検査用チェックリストⅠ．1．②、③等
・金融コングロマリット監督指針Ⅱ－1(1)④等

解　説

1　グループ全体の経営計画・戦略目標の設定等

親会社等としては、グループ全体の経営計画・戦略目標を策定し、各子会社において、グループの経営計画・戦略目標に即した各経営計画・戦略目標を定めさせる必要がある。

そして、親会社等は、グループ全体の経営計画・戦略目標が達成できるかを検証すべく、各子会社における経営計画・戦略目標等の進捗状況等をモニタリングし、進捗が芳しくない場合には、徹底した原因分析、それに基づく対応策の策定・実行を進めていく必要がある。

2　本事例の問題点

本事例では、金融持株会社の取締役会は、子銀行の経営計画における計数目標等の各種戦略の妥当性を検証していないが、これでは、グループ全体としての経営計画・戦略目標の達成は困難である。もちろん、子銀行の経営計

画は、当該子銀行の責任において策定するものではある。しかし、子銀行の経営計画は、グループ全体の業務運営にも関わるものであるから、グループとしての経営計画・戦略目標に即したものとなっているか等について、親会社等と子銀行の間で十分に協議の上、決定すべきである。

また、本事例では、子銀行における経営計画策定後、グループ全体の経営計画比でマイナスとなっている事業が認められるにもかかわらず、子銀行との間で、その原因分析や対応策の策定・実行に係る十分な議論がなされていない。子銀行の経営計画の進捗は、グループ全体の経営計画・戦略目標に影響を及ぼすものであるから、その進捗が計画どおりでない場合には、親会社等と子銀行の間で十分に議論を尽くして、徹底した原因分析、それに基づく対応策の策定・実行を行うべきである。

実務対応

　本事例は、親会社等による子会社の指導が不十分であるとともに、グループ全体としての「PDCAサイクル」（計画の策定（Plan）、計画の実施（Do）、計画の実施状況の評価（Check）、改善活動（Act）をそれぞれ適切に行っているかを検証する業務改善のプロセス）が適切に実施されていないと考えられる。

　親会社等としては、グループ全体としてPDCAサイクルを展開できる態勢づくりを行う必要がある。

　この場合に注意すべき点としては、子会社から親会社等への報告が形式的なものにならないようにすること、実質的な議論が行える仕組みを構築すること、親会社等から子会社の指示は具体的に行うことなどが挙げられる。

■ 金融グループにおける内部監査が不十分である事例

> ＜平成22年7月・別冊1、1頁＞
> ・金融持株会社の内部監査部門は、内部監査の適切性等を評価するための部内手続を制定することなどに取り組むとしているものの、グループ会社の監査報告書の作成や当社への監査結果の報告状況を適時に把握していないことから、監査結果の報告漏れや報告遅延が認められる。

▶参考事例

● 当行の子会社は、関係当局の調査等の結果、「業務の適正を確保するための実効的な内部統制が構築されていない」との指摘を受け、関係当局から改善を命じられているところ、監査部門は、同子会社に対して監査を実施しているが、「関係当局の指摘は、単に形式的な違反行為に関するものにとどまる」という同子会社からの説明をそのまま容認し、経営陣には「内部統制体制に重大な欠陥および不備は認められなかった」と報告している事例（平成23年2月、8頁）。

▶関連法令等

・金融持株会社に係る検査マニュアル（銀行持株会社用）グループ経営（ガバナンス）態勢の確認検査用チェックリストⅡ．4．
・経営管理態勢チェックリストⅡ．1．(2)③(ii)、同2．②
・金融コングロマリット監督指針Ⅱ－1(3)

┃ 解　　説

1　金融グループにおける内部監査

　親会社等の役割として、グループ全体としてのリスク管理等を行う必要があるが、そのためには、親会社等の内部監査部門としても、各子会社の内部

監査部門等と協議するなどして、各子会社におけるリスク管理の状況等を把握・検証する必要がある。

　金融コングロマリット監督指針Ⅱ－1(3)④でも、「グループ内のリスクに的確に対応できるよう、法令等に抵触しない範囲で、必要に応じ、内部監査部門が、グループ内の金融機関の内部監査部門と協力して監査を実施できる体制を整備しているか。特に、グループ内の金融機関において重要なリスクにさらされている業務等がある場合、法令等に抵触しない範囲で、必要に応じ、内部監査部門が直接監査できる態勢を構築しているか。」と示されているところである。

2　本事例の問題点

　本事例では、金融持株会社の内部監査部門は、グループ会社の監査報告書の作成や当社への監査結果の報告状況を適時に把握していないことから、監査結果の報告漏れや報告遅延が発生している。

　金融持株会社としても、グループ全体のリスク管理等を適切に行うためには、グループ会社の内部監査の結果等を検証する必要があり、そのためには、グループ会社から適時に内部監査の結果等を報告させ、これを把握することが必要である。

実務対応

　監査を実施する場合、業務によっては専門性が高く、なかなか監査結果が出ない場合もある。

　しかしながら、一般的には事前のリスクアセスメント等により実態を把握することは一定程度可能である。

　したがって、監査そのものが行えないということはなく、本事例の問題点は、金融持株会社が子会社の監査部門の動向を把握していない点にある。

　実務の観点からは、定期的な会合の開催、監査スケジュール等の報告などを子会社の監査部門から行わせ、それらの状況について「モニタリング」

第4章　金融グループ管理態勢

> することが考えられる。

■ グループにおける反社会的勢力対応が不十分である事例

> ＜平成22年7月・別冊1、2頁＞
> ・子会社の反社会的勢力に係る対応状況のモニタリングについて、金融持株会社のコンプライアンス統括部門は、同勢力排除に向けたグループの基本方針を制定し、同勢力に対する担当部門の設置等の対応を子会社に求め、態勢整備の状況について子会社のモニタリングを行うとしている。しかしながら、子会社において、同勢力のデータの一元管理が行われていないうえ、関連部門間での情報共有等も十分に行われていない実態を把握しておらず、モニタリングは不十分なものとなっている。

▶関連法令等
・金融コングロマリット監督指針Ⅱ－3－1⑵⑧

解　説

1　グループとしての反社会的勢力排除の取組の重要性

　反社会的勢力排除の取組の重要性については、第2章Ⅳに記載のとおりであり、各子会社において、反社会的勢力対応の態勢を整備する必要がある。
　他方で、親会社等としても、反社会的勢力排除に関するグループの方針等を制定して、同勢力に対する担当部門の設置等の対応を子会社に求め、子会社における態勢整備の状況についてモニタリングを行うことが必要である。

2　本事例の問題点

　本事例では、金融持株会社のコンプライアンス統括部門が、子会社におけ

る反社会的勢力対応の態勢整備の状況について、モニタリングを行うとしていながら、そのモニタリングは不十分であり、子会社において、反社会的勢力のデータの一元管理がなされておらず、関連部門間での情報共有等が十分になされていないとの実態を把握していない。反社会的勢力のデータベースの整備は、同勢力排除の基本的事項として必須であり、子会社における同データベースの整備状況については、親会社等としても把握すべきである。

― 実務対応 ―
　反社会的勢力の対応については、親会社も子会社もなく、自金融機関を含むグループ全体で取り組む必要がある。
　したがって、反社会的勢力に係る態勢の整備状況についてモニタリングする仕組みを構築するとともに、その有効性についても検証する、あるいは、子会社に対してセルフチェックを行った結果を報告させる、また、報告会などの制度をつくり、親会社として牽制機能を発揮するといったことも有効であろう。

■ グループにおける不祥事件対応が不十分である事例

＜平成22年7月・別冊1、6頁＞
・親銀行の取締役会は、子会社における法令等遵守状況について、所管部署にモニタリングを指示していない。このため、同部署は、子会社の社員によるカードキャッシングの不正利用事件について、事件発生後長期にわたり当該事実を把握しておらず、当局への不祥事件届出も遅延している。

▶関連法令等
　・金融持株会社に係る検査マニュアル（銀行持株会社用）グループ経営（ガ

バナンス）態勢の確認検査用チェックリストⅡ.3.
・金融コングロマリット監督指針Ⅱ-3-1(3)

解　説

1　グループにおける不祥事件対応

　グループの子会社で不祥事が発生した場合、まずは、当該子会社において、事実関係の調査、原因分析等の対応を行う必要がある。

　しかし、子会社における不祥事は、子会社単独の問題にとどまらず、他のグループ会社も含めたグループ全体としての風評リスク等が生じるおそれもあり、親会社等による子会社管理（グループ管理）にも影響を与える場合がある。また、親会社等としても当局への報告・届出を行う必要がある場合もあることから、親会社等は、子会社における法令等の遵守状況をモニタリングし、不祥事が発生した子会社としては、親会社等に迅速に事実関係等を報告し、親会社等と対応について協議を行う必要がある。

2　本事例の問題点

　本事例では、親銀行の取締役会が、子会社における法令等遵守状況について、所管部署にモニタリングを指示していないため、同部署は、子会社の社員によるカードキャッシングの不正利用事件について、事件発生後長期にわたり当該事実を把握しておらず、当局への不祥事件届出も遅延している。

　親会社等が子会社の法令等遵守状況のモニタリングをいかなる手段・頻度等で行うのかを明確化して、子会社にも周知するほか、子会社から親会社等に不祥事件の報告がなされるよう、報告事項・手段等を明確化することも必要である。

実務対応

・子会社に対して、どのような場合に親会社に報告すべきか等の報告基準を示す（あるいは、報告基準を設けず、全てを親会社に報告させることも考えられる）。

・報告窓口を一本化する。

・場合によっては、子会社に判断、調査させるのではなく、親会社等自身が調査を行い、判断する。

といったことをルールとして定めるとともに、グループ内に周知し、子会社に対して、具体的な対応方法を示すことが必要である。また、こうした報告の重要性についての研修をグループ内で実施することも考えられる。

■ アームズ・レングス・ルールの検証が不十分である事例

＜平成22年7月・別冊1、6頁＞
・親銀行の取締役会は、リスク管理統括部門に子会社との契約及び取引に関する管理規程を策定させていない。このため、子会社の所管部署は、子会社に支払う手数料に関しアームズ・レングス・ルールの観点から検証を行っていない。

▶参考事例
● 親銀行が連結子会社に賃貸している当行保有不動産について、近隣の賃貸料水準と比較して大幅に乖離した賃貸料となっているにもかかわらず、契約更改時において、アームズ・レングス・ルール遵守の観点から賃貸条件の検討を行っていない事例（平成22年7月・別冊1、6頁）。

▶関連法令等
・金融持株会社に係る検査マニュアル（銀行持株会社用）グループ経営（ガバナンス）態勢の確認検査用チェックリストⅣ．1．②
・経営管理態勢チェックリストⅠ．3．⑤
・法令等遵守態勢チェックリストⅢ．5．①
・金融コングロマリット監督指針Ⅱ－3－2(1)⑤

解　説

1　アームズ・レングス・ルールとは

アームズ・レングス・ルールは、銀行とグループ会社間との利益相反取引を通じて銀行経営の健全性が損なわれること等を防止する、すなわち、身内であるがゆえに成り立つ取引条件が結果として預金者などの利益を害するのを防止するための措置であり、銀行法第13条の2において定められている。

金融コングロマリット監督指針Ⅱ－3－2(1)⑤は、「グループ内取引が、グループ外の会社との間では通常同意しないような、又はグループ内の金融機関に不利であるような条件や状況で行われていないか」と規定しているが、これはアームズ・レングス・ルールに関する規制といえる。

2　本事例の問題点

アームズ・レングス・ルールは、グループ内の取引について問題となるものであり、グループにおけるリーガル・チェック態勢における基本的事項といえる。

本事例では、親銀行の取締役会が、リスク管理統括部門に子会社との契約及び取引に関する管理規程を策定させていないため、子会社の所管部署は、子会社に支払う手数料に関しアームズ・レングス・ルールの観点から検証を行っていないが、これは、基本的なリーガル・チェックができていないといえ、問題である。

実務対応

コンプライアンス統括部門を中心として、特に本部各部に対するアームズ・レングス・ルールの重要性とその中身について、研修等で周知することが必要である。

第5章

金融円滑化管理態勢

1　金融円滑化法の期限延長

　平成24年3月31日、中小企業等に対する金融の円滑化を図るための臨時措置に関する法律（平成21年法律第96号。以下「金融円滑化法」又は単に「法」という。）の期限が、平成25年3月31日までの1年間、再延長された。

　金融庁は、当該再延長を「最終延長」と位置づけている（平成23年12月27日付金融担当大臣談話）[1]。また、金融庁は、金融円滑化法施行後、貸付条件の変更等の取組が定着する一方で、貸付条件の再変更等の増加、貸付条件変更等を受けながら経営改善計画が策定されない中小企業者も存在するなどの問題を指摘する声があるなどとし、金融規律の確保（健全性の確保・モラルハザード防止）のための施策を講じる一方、金融機関によるコンサルティング機能の一層の発揮を促すとともに、中小企業者等の真の意味での経営改善につながる支援を強力に押し進めていく（「出口戦略」）必要がある、との見解を示している。

2　金融円滑化法の概要

　金融円滑化法は平成21年12月4日に施行された。同法においては、金融機関に対して、主に以下の努力義務が課されている。
① 中小企業者に対する信用供与について、中小企業者の特性及びその事業の状況を勘案しつつ、できる限り柔軟に行う努力義務（法3条）
② 債務の弁済に支障を生じている（又は生じるおそれがある）中小企業者又は住宅ローン借入者から債務の負担軽減の申込みがあった場合、中小企業者の事業の改善又は再生の可能性等や住宅ローン借入者の財産及び収入の状況を勘案しつつ、できる限り貸付条件の変更等の債務の負担軽減に資する措置をとる努力義務（法4条1項、5条1項）
③ 中小企業者又は住宅ローン借入者に対し、できる限り円滑に貸付条件の変更等を行うため、申込者の他の金融機関、信用保証協会、中小企業再生支援協議会、企業再生支援機構等との緊密な連携を図る努力義務（法4条

1　平成23年12月27日金融担当大臣談話

2項ないし4項、5条2項）

金融円滑化法は、これらの努力義務に加えて、金融機関に対し、
- 円滑化管理方針の策定等の貸付条件の変更等の措置を円滑に行うための体制整備義務（法6条）
- 貸付条件の変更等の措置の状況、体制整備の状況等に関する説明書類の作成、備置、縦覧義務（法7条）
- 貸付条件の変更等の措置の行政庁への報告義務（法8条）

を課している。

3　金融円滑化法と検査・監督

(1)　金融円滑化法と金融検査マニュアル等

金融円滑化法の趣旨は、金融検査マニュアルのチェック項目や監督指針の監督上の着眼点において、詳細に具体化されている。

金融検査マニュアルにおいては独立のカテゴリーとして「金融円滑化編チェックリスト」が設けられ、金融円滑化管理態勢に関する種々のチェック項目が示されている。

これらチェック項目のうち、金融円滑化法の失効に伴って効力を失う項目は、同法6条に伴う措置に関する部分等の一部のみに限定されており[2]、その他の項目は金融円滑化法の失効後も金融検査における検証対象となる。

また、平成24年検査事務年度以後の金融検査においては、金融円滑化管理態勢についても金融検査評定制度の対象となることが予定されている[3]。

(2)　金融円滑化法と監督指針

監督指針については、金融円滑化法施行当初、「中小企業者等に対する金融の円滑化を図るための臨時措置に関する法律に基づく金融監督に関する指針」（以下「金融円滑化監督指針（平成21年12月）」という。）が発出され、

---

[2] 金融円滑化編チェックリストのうち、Ⅰ．1．②ト、Ⅱ．1．(1)②ル及びヲ、Ⅱ．1．(1)③ト、Ⅱ．1．(2)①(ii)、Ⅱ．1．(2)④、Ⅲ．1．③及び④、Ⅲ．2．③(viii)及び(ix)のみが金融円滑化法失効によりその効力を失う。

[3] なお、平成23検査事務年度の検査においても金融円滑化管理態勢に関する検査評定制度は試行されている（金融庁「金融検査評定制度に関するＱ＆Ａ」）（平成23年9月28日）。

・貸付条件の変更等の申込みに対する対応（Ⅱ−1）
・金融機関の態勢の整備等（Ⅱ−2）
・リスク管理債権額の開示に関する留意事項（Ⅱ−3）
等が示された。

そして、金融円滑化法が平成24年3月31日まで延長されたことに伴って、平成23年4月4日、「中小企業者等に対する金融の円滑化を図るための臨時措置に関する法律に基づく金融監督に関する指針（コンサルティング機能の発揮にあたり金融機関が果たすべき具体的な役割）」（以下「金融円滑化監督指針（平成23年4月）」という。）が発出された。

金融円滑化監督指針（平成23年4月）においては、金融機関がコンサルティング機能を発揮するに際して恒常的に果たすべき役割として、以下の項目を示している。

・経営課題の把握・分析（Ⅱ−1）
・最適なソリューションの提案（Ⅱ−2）
・ソリューションの実行及び進捗状況の管理（Ⅱ−3）

このうち、経営課題の把握・分析（Ⅱ−1）においては、以下のような点を総合的に勘案して、債務者の本質的な経営課題を把握・分析し、債務者の事業の持続可能性等を見極めることとされている。

・債務者の経営資源、経営改善・事業再生等に向けた意欲、経営課題を克服する能力
・外部環境の見通し
・債務者の関係者（取引先、他の金融機関、外部専門家、外部機関等）の協力姿勢
・金融機関の取引地位（総借入残高に占める自らのシェア）や取引状況（設備資金／運転資金の別、取引期間の長短）
・金融機関の財務の健全性確保の観点

そのような見極めの結果、事業の持続可能性を

① 経営改善が必要な債務者
② 事業再生や業種転換が必要な債務者
③ 事業の持続可能性が見込まれない債務者

の3類型に分類し、それぞれに望ましいソリューションや外部専門家・外部機関等との連携等を行うことが求められている。

(参考) 事業の持続可能性等に応じて提案するソリューション（例）

事業の持続可能性等の類型	金融機関が提案するソリューション	
		外部専門家・外部機関等との連携
経営改善が必要な債務者 （自助努力により経営改善が見込まれる債務者など）	・ビジネスマッチングや技術開発支援により新たな販路の獲得等を支援するほか、貸付けの条件の変更等を行う。	・中小企業診断士、税理士、経営相談員等からの助言・提案の活用（第三者の知見の活用） ・他の金融機関、信用保証協会等と連携した返済計画の見直し ・地方公共団体、商工会議所、他の金融機関等との連携によるビジネスマッチング ・産学官連携による技術開発支援
事業再生や業種転換が必要な債務者 （抜本的な事業再生や業種転換により経営の改善が見込まれる債務者など）	・貸付けの条件の変更等を行うほか、金融機関の取引地位や取引状況等に応じ、DES・DDSやDIPファイナンスの活用、債権放棄も検討。	・企業再生支援機構、中小企業再生支援協議会等との連携による事業再生方策の策定 ・企業再生ファンドの組成・活用
事業の持続可能性が見込まれない債務者 （事業の存続がいたずらに長引くこ	・貸付けの条件の変更等の申込みに対しては、機械的にこれに応ずるのではなく、事業継続に向けた経営者の意欲、経営者の生活再建、	・慎重かつ十分な検討と債務者の納得性を高めるための十分な説明を行った上で、税理士、弁護士、サービサー等との連携により債務者の

第5章　金融円滑化管理態勢　177

とで、却って、経営者の生活再建や当該債務者の取引先の事業等に悪影響が見込まれる債務者など）	当該債務者の取引先等への影響、金融機関の取引地位や取引状況、財務の健全性確保の観点等を総合的に勘案し、慎重かつ十分な検討を行う。 ・その上で、債務整理等を前提とした債務者の再起に向けた適切な助言や債務者が自主廃業を選択する場合の取引先対応等を含めた円滑な処理等への協力を含め、債務者や関係者にとって真に望ましいソリューションを適切に実施する。 ・その際、債務者の納得性を高めるために十分な説明に努める。	債務整理を前提とした再起に向けた方策を検討

（注）この図表の例示に当てはまらない対応が必要となる場合もある。例えば、金融機関が適切な融資等を実行するために必要な信頼関係の構築が困難な債務者（金融機関からの真摯な働きかけにもかかわらず財務内容の正確な開示に向けた誠実な対応がみられない債務者、反社会的勢力との関係が疑われる債務者など）の場合は、金融機関の財務の健全性や業務の適切な運営の確保の観点を念頭に置きつつ、債権保全の必要性を検討するとともに、必要に応じて、税理士や弁護士等と連携しながら、適切かつ速やかな対応を実施することも考えられる。

4　金融円滑化法の最終期限延長と今後の検査・監督

　上記のとおり、平成25年3月31日まで、金融円滑化法が最終期限延長された。

　金融庁は、金融担当大臣談話（平成23年12月27日）において金融規律の確保のための施策と出口戦略として、以下の施策に集中的に取り組む旨を明らかにしている。

（1）　金融の円滑化にかかる取組み
・金融機関によるコンサルティング機能の一層の発揮

- 新規融資の促進を図るための、資本性借入金等の活用及び動産担保融資（ABL）等の開発・普及等
- 金融機関の事務負担の軽減を図るための開示・報告資料の更なる簡素化等

(2) 金融規律の確保にかかる取組み
- 実現可能性の高い抜本的な経営再建計画の策定・進捗状況の適切なフォローアップ
- 対象企業の実態に応じた適切な債務者区分・引当ての実施
- 金融機能強化法の活用

(3) 中小企業等に対する支援措置にかかる取組み
- 企業診断、最適な解決策の提示・支援を図るためのコンサルティング機能の発揮等、地域密着型金融の深化を徹底
- 中小企業再生支援協議会との連携強化
- 産業復興機構、東日本大震災事業者再生支援機構等との連携強化
- 事業再生等の支援を図るための、様々な制度・仕組みの活用

　また、平成24年4月20日には、内閣府、金融庁、中小企業庁から、「中小企業金融円滑化法の最終延長を踏まえた中小企業の経営支援のための政策パッケージ」が示され、これに伴って、「抜本的な事業再生、業種転換、事業承継等の支援が必要な場合には、判断を先送りせず外部機関等の第三者的な視点や専門的な知見を積極的に活用する旨」が監督指針[4]に明記された。

　かかる一連の当局のメッセージを踏まえれば、今後の検査・監督においては、金融規律確保の観点からは、
- 対象企業の事業の持続可能性の把握及びそれに伴った適切な債務者区分・引当の実施が行われているか、

　また、コンサルティング機能の発揮の観点からは、
- 経営改善計画策定・進捗のフォローアップが適切に行われているか

---

[4] 中小監督指針Ⅱ－4－2－1(2)、金融円滑化監督指針（平成23年4月）Ⅱ－2(1)

といった点が重点的な対象事項となることが予想される。

　近時の金融検査結果事例においても、金融円滑化法施行当初に比較的多くみられた、貸付条件変更等への対応や顧客説明に関する問題点を指摘する事例に比し、コンサルティング機能の発揮や経営改善計画のフォローアップ等に関する問題点を指摘する事例が多くみられるようになり、この傾向は、平成24検査事務年度以降も継続するものと考えられる。

　なお、金融検査結果事例においては、各金融機関の創意工夫に基づく取組に関し、評価事例を数多く掲載している。

　本書は、金融機関のPDCAサイクルが十分機能しない状況をできるだけ具体的に示し、その改善を検討するとの目的を有することから、指摘事例のみを例示しているが、かかる評価事例は、より高度な金融円滑化管理態勢を模索するための重要な示唆を与えるものであり、ぜひ参照されたい。

■ きめ細かな顧客の実態把握と適切な与信判断に関する指摘事例

＜平成23年7月、24頁＞

（規模・特性等）

・主要行等及び外国銀行支店

【検査結果】

　経営会議は、中期経営計画において、円滑な資金供給に向けた追加施策の展開や経営相談等の態勢強化を掲げ、態勢整備に取り組んでいる。具体的には、金融円滑化法の施行を受け、関連規程の整備に加え、金融円滑化施策全般の管理担当部門を設置し、同部門長を金融円滑化管理責任者に任命している。また、信用リスク管理部門横断の組織として金融円滑化管理部門を設置し、貸付条件変更申出への組織的な目線の統一や、迅速且つ的確な対応の確保への取組みを行っている。

他方、金融円滑化管理部門は、貸付条件変更申出へ迅速に対応しつつ、十分なリスク管理を確保するため条件変更期間を短期に区切って実施し、その間に経営実態の把握や再建計画の策定サポート等を進め、暫定期間終了時に再度取引先の実態に即した貸付条件変更を協議するとしている。
　しかしながら、以下のような事例が認められる。
・営業拠点において、顧客の貸付条件変更期間に対する意向や他金融機関の対応状況等を十分に検証しておらず、機械的・画一的な対応を行ったことから苦情が発生している事例
・金融円滑化管理部門が、債務者に対する期中モニタリング対象について、金融円滑化法施行後の貸付条件変更先のみを対象とし、同法施行前の貸付条件変更先を対象としていないことから、実態把握が不足している事例

▶参考事例
● 審査管理部門が延滞債務者の実態を適切に把握し、相談・助言を行っておらず、延滞長期化の未然防止に向けて十分に取り組んでいない事例（平成22年7月、12～13頁）。
● 審査部門が、営業店において信用保証協会が謝絶したことのみをもって新規融資の申込みを謝絶している案件を把握していない事例（平成23年2月、20～21頁）。

▶関連法令等
　・金融円滑化法3条、4条、5条
　・金融円滑化編チェックリストⅢ．1．①．(ⅲ)(ⅳ)、同Ⅲ．3．①．(ⅰ)等
　・金融円滑化監督指針（平成21年12月）Ⅱ－1－1(2)、同Ⅱ－1－2－3(1)等

解　説

1　きめ細かな顧客の実態把握と適切な与信判断

きめ細かな顧客の実態把握と適切な与信判断は、金融円滑化管理態勢の第一歩である。

円滑化編チェックリストにおいても、「財務諸表等の表面的な計数や特定の業種であることのみに基づいて判断する等、機械的・画一的な判断を行うのではなく、顧客の事情をきめ細かく把握した上で対応しているか」（Ⅲ．1．①．(ⅲ)）、「貸付条件の変更等の履歴があることのみをもって、新規融資や貸付条件の変更等の相談・申込みを謝絶していないか」（Ⅲ．1．①．(ⅳ)）といった具体的な視点を示すチェック項目が多く設けられている。

2　問題事例の類型

以下、かかる視点から問題となる代表的な事例の類型を挙げる。

(1) **顧客の特性やグループ企業の実態を踏まえた判断が行われていない事例**
　　・顧客と実質的に同一のグループ会社等を併せて実態を把握することなく、顧客の単体の業績悪化のみを理由に対応を決定している事例
　　・中小企業において、代表者からの借入れ、代表者の収入・資産の状況、代表者への報酬の支払状況等を考慮せず与信判断を行っている事例等

(2) **形式的・表面的な事象や業種・計数等のみを理由に謝絶している事例**
　　・赤字決算のみを重視し、顧客の業績回復の可能性の検討を十分に行わないまま債権回収に及んでいる事例
　　・過去に貸付条件の変更等の履歴があることをもって謝絶している事例
　　・債務超過、債務償還年数等の計数のみを理由に、業況等を十分検討することなく機械的・画一的に金利引上げを提示している事例

(3) **謝絶理由が不適切な事例**
　　・営業店において、「資金繰り支援はメイン行（他行）が行う」とした、顧客との過去の口頭の合意を理由として、具体的な審査を行うことな

く謝絶している事例
(4) 与信判断の過程が不適切な事例
・営業店担当者が、規程に反して独断で融資謝絶を行っている事例
・貸付条件変更の謝絶に際し、決裁権限を越える金額であるにもかかわらず営業店長のみの判断で謝絶を行っている事例

3　本事例の問題点
　本事例は、顧客の貸付条件変更期間に対する意向や他金融機関の対応状況を十分に検証せず、機械的・画一的な対応を行ったことが苦情につながった点を指摘したものである。
　上記のとおり、きめ細かな顧客の実態把握は金融円滑化管理の第一歩であり、この点は今後も金融検査等で継続的な検証が行われることとなろう。

実務対応

いわゆる「金融円滑化法」の趣旨を現場に徹底させるためには、
① 金融円滑化の趣旨を踏まえた、リレーションシップバンキングの重要性の定期的な研修の実施
② 金融円滑化が顧客保護の側面を有していることの周知徹底
③ 本部における（形式的なものではなく）実効性のあるモニタリング
こうしたことを実施するとともに、自金融機関における不適切な事例を公表するといったことも、教育効果を上げるための施策として有効ではないだろうか。

■ 貸付条件変更案件の進捗管理が不十分な事例

＜平成23年2月、23頁＞
（規模・特性等）

・地域銀行、中小規模
【検査結果】
　　貸付条件変更案件の進捗管理について、審査部門は、営業店に対し、営業支援システムの「条件変更受付進捗管理表」を入力させ、その進捗状況を把握することとしている。
　　こうした中、貸付条件変更の謝絶案件のうち「みなし謝絶」が多数発生しているが、同部門は、貸付条件変更の申出受付後、長期間経過している案件の実態把握や原因分析を十分に行っていないうえ、営業店に対し、進捗管理について適切な指示を行っていない。

▶参考事例
● 営業店における申込みに対する取下げやみなし謝絶等について、審査部門が、十分な指導・検証を行っておらず、営業店長等による進捗管理が不十分なため、新規融資の申込みから３か月以上、借入れ希望日からも２週間以上経過した後に謝絶している事例（平成23年７月、23～24頁）。
● 融資部門は、営業店に対して、進捗管理の重要性に係る周知徹底を十分に行っておらず、また、営業店においても、役席者による担当者への指導が不十分であるため、条件変更等の進捗管理が適切に行われていない。こうした中、進捗管理が不十分なことに起因して、条件変更等への対応が遅いとの苦情が発生している（平成24年８月、26頁）。

▶関連法令等
　・金融円滑化法３条、４条、５条
　・金融円滑化編チェックリストⅢ．１．②(ⅰ)(ⅲ)等
　・金融円滑化監督指針（平成21年12月）Ⅱ－１－２－１(3)(4)等

| 解　　説

1　貸付条件変更案件の進捗管理
　顧客から貸付条件変更の申込みが行われた場合、速やかにその内容を検討

し、その可否を回答する必要がある。

　かかる観点から円滑化編チェックリストにおいても、「顧客から新規融資や貸付条件の変更等の相談・申込みを受けた場合に、迅速な検討・回答に努めているか。」（金融円滑化編チェックリストⅢ．1．②．(i)）との視点を示している。

　貸付条件変更の申込みを行う顧客は「債務の弁済に支障を生じており、又は生ずるおそれがある」（金融円滑化法4条）者である可能性が高く、その財務状況に問題を抱えていることが推察されることから、金融機関の対応の遅延によって、顧客に不要の負担を発生させることがないよう特に留意する必要がある。

　貸付条件変更の申込みの日から3か月を経過した日又は支払期日のいずれか遅い日を過ぎても審査中の案件は、開示・報告上は「みなし謝絶」と取り扱われるが、合理的な理由なく「みなし謝絶」に至ることがないよう、適切な進捗管理が求められる。

　検討の結果、貸付条件の変更等を謝絶することとなる場合には、顧客が他の方法による資金調達を検討する期間を浪費することとなりかねず、より迅速な回答と、きめ細かな状況説明に努める必要があろう。

　また、貸付条件の変更等に際して、新たな担保・保証の要求や金利の引上げ等の条件を付す場合には、可能な限り速やかに顧客に条件を提示し、説明の機会を持つ必要がある（金融円滑化編チェックリストⅢ．1．②(iii)）。

　返済期限直前に担保提供や金利引上げを求め、顧客が受け入れるほかない状況となれば、深刻な苦情につながりかねず、また、顧客の実情に沿わない担保・保証の要求として、指摘を受ける可能性もあろう（金融円滑化編チェックリストⅢ．1．①(iv)(v)）。

2　本事例の問題点・実務上の対応

　本事例は、「みなし謝絶」が多数発生している状況にもかかわらず、審査部門が長期経過案件の実態把握や原因分析を行わず、営業店に対しても適切な指示を行っていない点を指摘するものである。

みなし謝絶事案の件数推移や、各営業店での発生状況は、本部が定期的に把握し、原因分析、改善への指示を行うべきである。
　また、内部監査や自店検査等では、みなし謝絶に至らなくとも、申込みや相談から回答までに通常よりも時間を要した案件を抽出し、その原因を検証しておくことが望ましい。

■ 顧客への説明が不適切な事例

<平成23年2月、24頁>
（規模・特性等）
・信用金庫及び信用組合、大規模
【検査結果】
　理事会は、顧客説明について、「金融円滑化管理規程」において、与信取引に関し、顧客に対する説明が適切かつ十分に行われることを確保すると定めているほか、「与信取引説明マニュアル」において、融資決定と誤認させる不適切な顧客説明を禁止している。
　しかしながら、金融円滑化管理者等は、営業店に対して、これらの規程の周知徹底を十分に行っていない。
　こうした中、営業店において、融資について本部申請を行っていないにもかかわらず、顧客に対し「融資が可能である」と誤認させる説明を行ったうえ、本部申請に向けて何ら手続を進めなかったため、苦情に至っている事例が認められる。

▶参考事例
● 審査部門が、営業店に対し、過去に事故歴のある顧客から申込みがなされた場合の取扱いを明確にしていない。このため、営業店において、取引先の業況等を総合的に把握しないまま、同取引先の法人代表者に個人ローンの代弁履歴があることのみをもって謝絶し、同代表者から、当該理由によ

る謝絶は納得し難いという苦情が発生している事例（23年7月、25～26頁）。
- 新規融資案件において、営業店が、過去に延滞履歴があることだけを理由として謝絶しているととられかねない対応を行っている事例（23年2月、23頁）。

▶関連法令等
・金融円滑化法3条
・金融円滑化編チェックリストⅢ．1①(vii)及び同②、Ⅲ．3①
・金融円滑化監督指針（平成21年12月）Ⅱ－1－2－1．(3)及び同(4)
・銀行法12条の2第2項及び銀行法施行規則13条の7
・顧客保護等管理態勢チェックリストⅢ．2．(2)③

解　説

1　顧客への説明

謝絶や資金回収の場面においては、可能な限り根拠を示した上、顧客の理解と納得を得るための説明に努めることが必要となる。

謝絶等に際して「総合判断」と説明するのみの対応[5]、信用保証協会等が謝絶したことのみを謝絶理由とする対応、金融庁や金融検査マニュアルを理由とした対応等は原則として不適切であり、「可能な限り」で具体的な根拠を示した説明が必要となる。

また、説明に際しては、これまでの取引関係や顧客の知識、経験及び財産の状況を踏まえる必要がある（円滑化編チェックリストⅢ．1．②(i)）。長期間取引がある顧客や、謝絶や回収により資金繰りに重大な影響を受ける顧客については、他の顧客に比してより丁寧な説明に努める必要がある。

謝絶や資金回収の場面における顧客への説明においては、対応の迅速性が求められる。また、謝絶や資金回収まで至らずとも、金融機関から新たな担

---

[5]　ただし、反社会的勢力からの貸付条件変更の申込みを謝絶するに際しては、反社会的勢力であること等の説明は不要であり、「総合判断」との説明で足りるものと解される。

保・保証の要求や金利引上げを含めた貸付条件の提示を行うに当たっても、その内容を速やかに提示する必要がある（金融円滑化編チェックリストⅢ．1．②(ⅲ)）。

　顧客説明に関しては、銀行法12条の2及び同法施行規則13条の7が、銀行が、その営む業務の内容及び方法に応じ、顧客の知識、経験、財産の状況及び取引を行う目的を踏まえた重要な事項の顧客に対する説明等を確保するための措置に関する社内規則等を定めるとともに、従業員に対する研修その他の社内規則等に基づいて業務が運営されるための十分な体制を整備しなければならない旨を義務付けている。

　顧客保護等確認検査用チェックリストにおいても「謝絶又は資金回収を行う場合には、可能な限り根拠を示して顧客の理解と納得を得るための説明に努めているか。」（顧客保護等管理態勢チェックリストⅢ．2③(ⅱ)）等の金融円滑化編チェックリストと同様の着眼点が示されている。

2　本事例の問題点・実務上の対応

　本事例は、営業店において、融資の本部申請を行っていないにもかかわらず、顧客に決定を誤認させるような説明をし、その後も本部申請の手続を進めなかったため、苦情に至ったというものである。

　行内の稟議手続を経ないまま、顧客に融資が可能であると誤認させる説明を行うことは、後に謝絶に至った場合に深刻な紛争となりかねず、不適切であることはいうまでもない[6]。

　また、事案によっては、「顧客に対し、不確実な事項について、確実であると誤認させるおそれのある行為」（銀行法13条の3第2号）として禁止行為となりかねない。

　本件は、かかる説明の不適切性に加えて、顧客の融資申込みに関する本部又は営業店内での管理にも問題があることが推察される。本部や営業店長が

---

[6]　銀行が、貸出条件について具体的な合意をしていたことや融資証明書を発行していたことを理由に、融資拒絶をした銀行に不法行為責任を認めた裁判例（東京高裁平成6年2月1日）が存在することに留意を要する。

融資申込み案件の進捗管理を有効に行っていれば、苦情に至る以前に状況を把握し対応が可能であったことも考えられ、この点からも検証が必要となろう。

■ コンサルティング機能の発揮

><平成24年2月、24頁>
>
>【業態等】
>
>　地域銀行、大中規模
>
>【検査結果】
>
>　融資部門は、「金融円滑化マニュアル」を定め、同マニュアルにおいて、継続的な企業訪問を通じて、顧客の経営実態の十分な把握と債権管理に努めることとしている。また、同部門は、臨店指導において、金融円滑化への取組に関する指導を行うこととしている。
>
>　しかしながら、同部門は、臨店指導において、営業店における条件変更実施先に対するフォローアップの取組を十分に把握していない。
>
>　こうした中、営業店において、条件変更実施時に経営改善計画を策定していない先が破綻するまでの間、定期的な業況把握を行っていない事例が認められる。

▶参考事例

● 融資部門は、営業店に対して通達を発出し、条件変更を実施した先から「営業店モニタリング先」を選定させ、経営改善計画の策定支援を行うことでコンサルティング機能を発揮していくよう指示している。しかしながら、融資部門は、こうした取組に伴う営業店に生じる人的・時間的負担を十分に把握することなく指示しているため、人的・時間的な問題から、策定された経営改善計画に盛り込まれた施策が具体性を欠き、経営改善効果が乏しい事例が認められる（平成24年2月、25頁）。

第5章　金融円滑化管理態勢

●審査部門は、経営改善支援先について、経営改善計画の進捗状況を管理するに当たり、営業店と協議の上、債務者ごとにモニタリングのポイントを定め、営業店から、当該計画の進捗状況に係る実態把握の結果について、報告を受けている。しかしながら、同部門は、経営改善計画と実績との対比をモニタリングのポイントに設定していないことから、営業店が当該計画の進捗状況を十分に把握していない事例が認められる（平成24年8月、30頁）。

▶関連法令等
　・金融円滑化法6条、同内閣府令6条1項4号
　・金融円滑化編チェックリストⅢ．1①(ii)、Ⅲ．2②
　・金融円滑化監督指針（平成21年12月）Ⅱ－2－2－2(1)
　・金融円滑化監督指針（平成23年4月）Ⅱ

解　説

1　コンサルティング機能の発揮

　金融円滑化編チェックリストにおいては、金融円滑化管理の要素として、金融機関が、債務者の経営実態等を踏まえ経営相談・経営指導及び経営改善に関する支援を行うことが求められている（【検証ポイント】「二つめの「・」」②）。

　かかる経営相談・経営指導等のコンサルティング機能の発揮は、金融円滑化編チェックリストの柱であり[7]、各金融機関におけるかかる機能の発揮状況は検査・監督において重点的な検証対象となることが明らかにされている[8]。

　さらに、平成23年4月には、金融円滑化監督指針（平成23年4月）が公表され、コンサルティング機能の発揮に当たって金融機関が果たすべき役割の

7　平成21年12月4日金融担当大臣談話「4」参照
8　金融庁、平成22年12月14日「中小企業金融円滑化法の期限の延長等について」「2．(2)」

モデルが示された。

金融円滑化監督指針（平成23年4月）においては、コンサルティング機能の発揮に当たり金融機関が果たすべき役割を
・経営課題の把握・分析と事業の持続可能性の見極め
・最適なソリューションの提案
・ソリューションの実行及び進捗状況の管理
と整理した上で、各段階において金融機関が果たすべき役割のモデルケースを提示している。

2　金融検査事例の分析

コンサルティング機能の発揮に関する代表的な問題事例として、そもそも支援先の選定に問題があるケースと、支援先の継続的なフォローアップに問題があるケースがある。

支援先選定に問題があるケースとしては、営業店において、経営改善支援先の件数を確保するため、債務者に真に再建可能性があるか十分把握しないまま支援先や支援先候補を選定してしまう事例である。

このようなケースでは、債務者の再建に実現可能性が乏しく、結果として、長期間経営改善計画が策定されなかったり、支援先選定直後に経営が破綻したりといった事態に陥ることとなる。

次に、継続的なフォローアップに問題があるケースとして考えられるのは、経営改善支援先選定後のモニタリングや本部報告が営業店（又は支援担当者）任せとされ、その結果、支援先との面談等を通じたフォローアップが十分行われず、それを本部が把握しないまま長期間が経過してしまうといった事例である。

3　本事例の問題点・実務上の対応

本事例は、条件変更実施時に経営改善計画を策定していない先について、定期的な業況把握が行われていない点を指摘するものである。

経営改善計画の策定に関しては、中小監督指針Ⅲ－4－9－4－3(2)③ハ

において、実抜計画（実現可能性の高い抜本的な経営再建計画）が策定されていなくとも、債務者が「中小企業」であって、かつ、貸出条件の変更を行った日から最長1年以内に「当該経営再建計画を策定する見込みがあるとき」は、当該条件変更の日から最長1年間は貸出条件緩和債権には該当しないものと判断して差し支えないこととされている。

これに伴い、条件変更実施時に経営改善計画を策定することが困難な中小企業において、条件変更実施後1年以内に経営改善計画を策定することとする対応が多くとられている[9]。

本事例は、かかる経営改善計画の策定猶予先に対するフォローアップの不備を指摘するものであるが、同様の視点は既に経営改善計画を策定した顧客についても当てはまる。

継続的なフォローアップに関しては、担当者による経営改善支援先等へのモニタリングの頻度、方法、本部等への報告に関し、可能な限りルール化しておく必要がある（モニタリング方法の一例として、経営改善支援先と四半期に一度は面談の上状況確認を行い、確認結果を書面で本部宛報告するといった対応も考えられる。）。

その上で、フォローアップの状況を担当部門で集中管理し、一定期間改善計画の策定に至っていない先や、改善計画の進捗が芳しくない先については、本部による調査等の対応を行うことが望ましい。

■ 非拘束預金の支払停止措置

＜平成22年7月、15～16頁＞
（規模・特性等）

---

[9] なお、金融庁の平成23年3月31日付「平成23年東北地方太平洋沖地震による災害についての金融検査マニュアル・監督指針の特例措置及び運用の明確化について」により、震災の影響を受けた債務者については、かかる措置が中小企業以外にも適用されるほか、経営再建計画の策定期間の再延長が可能とされている等の特例措置が設けられた。

・地域銀行
【検査結果】
　債権保全を目的とする、いわゆる非拘束預金（注1）の支払停止措置について、当行は、担当部門を審査部門とし、債権保全の観点から、銀行取引約定書第5条に定める「期限の利益喪失」に該当する先（注2）について必要に応じて支払制限を実施することとしている。

　しかしながら、審査部門は、営業店に対し、支払停止の際に必要な顧客対応の指導を行っていないほか、営業店における支払停止の判断の適切性及び停止後の状況について把握・検証していないという実態が認められる。

　　（注1）　担保とされていない預金。
　　（注2）　例えば、以下のような事由に該当した場合をいう。
　　　　　1．乙（銀行）に対する債務の一部でも履行を遅滞したとき
　　　　　2．担保の目的物について差押、または競売手続の開始があったとき
　　　　　3．甲（債務者）が乙との取引約定に違反したとき

▶参考事例
● 営業店において、債務者の大口取引先が民事再生手続を開始したことのみを理由に、債務者の資金繰りへの影響を把握しないまま、普通預金を含む全預金口座の支払停止措置を実施し、苦情に至っている事例（金融円滑化に係る金融検査指摘事例集5頁（平成21年12月））。

▶関連法令等
・金融円滑化法4条1項
・私的独占の禁止及び公正取引の確保に関する法律（以下「独占禁止法」という。）19条、2条9項5号
・銀行法13条の3第4号、銀行法施行規則14条の11の3第3号

解　説

1　非拘束預金の支払停止措置

(1)　支払停止措置

　融資先の財務状況が悪化し、貸付金債権の回収が困難となった場合、金融機関は、銀行取引約定書に従い期限の利益を喪失させ、相殺により当該債権の回収を行うことが考えられる。

　しかし、受働債権が普通預金のような要求払預金に関する債権の場合、相殺の意思表示が到達する前に債務者から払戻請求が行われるおそれがあることから、あらかじめ普通預金の払戻拒絶措置がとられることがある。

　また、金融機関が期限の利益喪失事由があると判断した場合にも、信用状態の回復や追加担保の提供により顧客が通常の銀行取引に復帰できる可能性を残すため、払戻拒絶措置を行うにとどめて相殺処理までは行わないといった運用も存在する。

(2)　優越的地位の濫用のおそれ

　一般に、「当該債務の弁済に支障を生じており、又は生ずるおそれ」（金融円滑化法4条）があり、貸付条件変更の申込みを行っている顧客に対しては、金融機関は、優越的地位に立ちやすい。

　金融機関が、顧客から普通預金の払戻しを求められた場合、原則としてこれに応じる義務があることに鑑みれば、優越的地位にある金融機関が、正当な根拠のないまま払戻請求に応じずに払戻拒絶措置を講じた場合、優越的地位の濫用に該当するおそれがあると考えられる。

　この点、公正取引委員会「金融機関と企業との取引慣行に関する調査報告書」（平成18年6月）では、取引上優越的地位にある金融機関が、「預金が担保として提供される合意がないにもかかわらず、その解約払出しに応じないこと」が、独占禁止法上問題となることを指摘している（同報告書25頁）。

(3)　不法行為及び債務不履行に基づく責任

　また、要求払預金は預金の払戻しをいつでも金融機関に対して請求できるのが原則であることから、払戻拒絶措置をとった場合、金融機関は不法行為又は債務不履行を理由に損害賠償請求を受けるおそれがある。

特に、普通預金や当座預金の払戻拒絶措置は預金者の資金繰りに多大な影響を与えるケースも想定され、より慎重な判断が求められる。

この点に関し、東京地判平成19年3月29日判決（金融法務事情1819号40頁）は、①預金者に対する信用供与の相当部分が無担保での信用貸越で、預金者が将来的に建設工事を受注できることが信用供与の前提となっていたこと、②預金者の耐震偽装問題への関与を疑わせる新聞報道等がなされ、預金者が新規の受注を得ること等ができなくなる可能性が大きいと判断することがやむを得ないと考えられたこと、③預金者の施工物件の中に構造計算書の改ざんが疑われるものがあったにもかかわらず、預金者がそれを報告しなかった事実が銀行取引約定書12条2項に違反すること、を認定し「債権保全を必要とする相当の事由」が認められるとして、期限の利益喪失請求及び預金払戻拒絶措置を適法と判断している。

また、東京高判平成21年4月23日（金融法務事情1875号76頁）は、①預金者の大口かつ重要な取引先であって、事業上極めて密接な関係がある会社が民事再生手続開始の申立てをしたことにより、預金者の同会社に対する多額の貸付金債権の大部分が回収不能となる可能性が高くなり、そのため預金者が実質上の債務超過に陥り今後の事業の継続が困難になったこと、②預金者は、金融機関から預金払戻拒絶措置をとった旨及び追加担保の提供等の提案がない限りこれを解除できない旨を告知された後も、事業継続の見通しや追加担保の提供についての説明、提案を行わなかったことを認定し、「債権保全を必要とする相当の事由」が生じていたとして、払戻拒絶措置や期限の利益喪失請求、相殺は違法ではないと判断した。

ただし、これらの裁判例はあくまで個別事情に基づく判断であり、「債権保全を必要とする相当の事由」や払戻拒絶措置の違法性の有無は、個別事情に基づく判断が必要と考えられる。

2 実務上の留意点

上記の優越的地位の濫用の懸念や、不法行為責任・債務不履行責任を負担するリスクを踏まえれば、金融機関において預金（特に要求払預金）の払戻

拒絶措置を行うに際しては、少なくとも以下の点に留意する必要があると考えられる。
① 「債権保全を必要とする相当の事由」の判断プロセスの明確化

上記の裁判例においては、預金の払戻拒絶措置の適法性が「債権保全を必要とする相当の事由」と関連づけて論じられている。

いかなる場合に「債権保全を必要とする相当の事由」が認められるかは個別判断というほかないが、極めて微妙な法的判断を要するケースもあり、営業店任せとすることは望ましくない。

内部規程等において、かかる事由の判断基準の明確化に努めるとともに、払戻拒絶措置を実行するに際しては、本店所管部署との協議を行うこととし、必要に応じて弁護士のリーガル・チェックを経ることが適切であろう。

② 債務者の実態のきめ細かな把握

実際に預金の払戻拒絶措置をとる場合は、大口取引先の破綻やマスコミ報道といった外部的、突発的な信用悪化要因のみを重視することなく、日常の取引で把握した顧客の業況、資金繰りの状況、他行の債務の延滞状況、債務者の今後の事業計画等を考慮の上、措置の要否等を検討する必要がある。

また、かかる事情をより細かに把握するため、払戻拒絶措置を行うに際しては、原則として当該顧客と面談等を行って事情を聴取することが望ましい[10]。

③ 顧客への丁寧かつ適切な説明

また、預金の払戻拒絶措置をとる場合、その事実及び判断の理由を顧客にできるだけ丁寧に説明し、納得を得ることが望ましい。しかし、預金の払戻拒絶措置は債務者の資金繰りに大きな影響を与え、金融機関との利害対立が先鋭化することが考えられ、債務者から納得を得ることが困難な場面も多いと想定される。

かかる場合にも、債務者に対し、払戻拒絶措置をとった事実とその判断理

---

[10] もっとも、債務者が経営破綻状況にある場合、債務者の行方が知れないなど連絡が容易でないことも多い。また、事情聴取を行うことで債務者が資産の隠匿を図るおそれがある場合等も想定され、一定の例外を認める余地はあるものと考える。

由を説明した上、具体的な事業継続の見通しの説明や追加担保の提供等を求め、これらが十分行われれば払戻拒絶措置の解除を検討することが必要であろう。

3　本事例の問題点

　本事例は、非拘束預金の支払停止措置について、本部が営業店に対して必要な顧客対応の指導を行っていないこと、支払停止措置の判断の適切性や停止後の状況について把握・検証していない点を指摘するものである。

　金融検査においては、個別の預金の支払停止の適法性を正面から問題とするのではなく、上記2に記載した「債権保全を必要とする相当の事由」の判断を適切に行う態勢が整備されているか、債務者の実態をきめ細かく把握した上で支払停止措置の是非を検討する態勢が整備されているか、支払停止措置に当たり顧客へ丁寧かつ適切に説明を行う態勢が整備されているか、といった態勢面を中心に検証される。

　本事例からも、支払停止措置の可否の判断や顧客対応については、営業店の判断に任せるのではなく、本部からのコントロールを及ぼす必要のあることがみてとれる。

第6章

外国銀行在日支店等

■ 在日代表者が、態勢上の弱点を把握するための内部監査の実施を、海外本部に対して要請していない事例

> ＜平成22年7月・別冊3、3頁＞
> ・在日代表者は、海外本部の内部監査部門による監査がマネー・ローンダリングやインサイダー取引防止の検証にとどまっていることを認識しているにもかかわらず、海外本部に対し、当在日支店等の本邦法令等の遵守状況や内部管理態勢上の弱点を把握するための監査の実施を要請するなどの対応を行っていない。

▶参考事例
- 内部監査部門が、本邦における業務の特性を踏まえた「監査実施要領」を策定しておらず、外部委託先を対象とした監査について、個人情報保護の観点から、外部委託先に保管されている文書の管理に係る監査を実施しているものの、当該委託先に係る契約内容の適切性等については、監査を実施していない事例（平成24年8月、16頁）。
- 営業部門では、各部門による内部監査の目的の一つである本邦法令の遵守状況について、監査項目の選定を本邦法令に精通していないコンプライアンス管理者の判断に委ねているため、適合性確認や反社会的勢力への対応に関する監査項目を選定していないほか、本人確認義務等の法令違反に関する監査が不十分となっている事例（平成23年7月、16頁）。
- コンプライアンス・オフィサーが、反社会的勢力に対する行動指針やトラブル発生時の対応マニュアル等を整備していない事例（平成22年7月・別冊3、4頁）。

▶関連法令等
　　・主要行監督指針Ⅵ－2

解　説

1　外国銀行在日支店の態勢上の留意点

　外国銀行在日支店の場合、レポーティングラインが、支店長に対してではなく、グローバルな観点からの業務ごとの縦割りになっているケースが多い。そして、人事、報酬、組織等に関する重要な決定権限は、支店長ではなく、海外本部や地域本部（アジア地域本部）にあることが多く、在日支店としてのガバナンスが機能しにくい面がある。

　また、コンプライアンス・オフィサー等についても、法令等遵守態勢整備に関する決定権限は、海外本部や地域本部にあることが多く、我が国の法制度・風土に合った態勢整備が十分にできないおそれがある。

　こうした事情から、外国銀行在日支店等の法令等遵守態勢、内部監査態勢等については、上記各事例のように、本邦の法令・規制や社会的要請（反社会的勢力との関係遮断に対する社会的要請の高まり等）、在日支店のリスク状況に関する理解・認識が不十分であると指摘される事例が多い。

　法令等遵守態勢、内部監査態勢等においては、リスクベース・アプローチ（リスク特性を評価し、重要なリスクに焦点を当てたメリハリのある検証）が有用であるが、これが有効に機能するためには、本店（本部）・在日支店間のコンプライアンス情報等に関する報告・連絡態勢の整備、在日支店における戦略目標等とリスク管理態勢の整合性に関する視点等が重要である。

　そして、本店（本部）において、前記の本邦法令・規制等に関する理解・認識が十分になされておらず、法令等遵守態勢、内部監査態勢の実効性が確保されない場合には、在日支店から本店（本部）に対して意見具申することも必要である。

2　本事例の問題点

　本事例は、在日支店には内部監査機能はなく、海外本部の内部監査部門が在日支店への監査を行っていたところ、かかる監査がマネー・ローンダリングやインサイダー取引防止の検証にとどまっていた。マネー・ローンダリングやインサイダー取引は、グローバルな観点からもコンプライアンス上重要

な項目ではあるが、これだけでは、本邦において業務を行う金融機関が留意すべき項目としては不十分であると考えられる。こうした不十分さについて在日代表者も認識しており、本来であれば、海外本部に対して、在日支店の実態に則した監査を行うよう意見具申を行うべきであるが、これを行っていない点を問題としたものと考えられる。

実務対応

　海外本部との関係もあり、難しい局面もあるが、本邦における法令や業務実態を踏まえた監査を実施する、あるいは、かかる監査が不十分な場合にはその実施を要請しなければ、海外本部は在日支店における法令等遵守状況等の実態を把握できない。

　結果として、海外本部の監査部門も事前のリスク・アセスメントを誤ってしまうといったことにもなりかねない。

　在日支店代表者はこうした点も考慮する、つまり、監査の重要性を認識した上で、適切なマネジメントを実施する必要があろう。

■ 本邦銀行法への対応が不十分な事例

＜平成22年7月、別冊3・5頁＞
・在日支店等が、新たな業務としてコール・マネーによる資金調達を開始するにあたり、銀行業の免許書に付された「資金市場取引（コール・ローン／コール・マネー）は行わない」との条件の内容を認識していなかったことから、新たな業務を行う際に必要な金融庁長官の事前承認を得ていない。

▶参考事例
●在日支店が、海外支店等のカストディ業務に関する代理又は媒介行為につ

いて、法令に基づく認可を受けずに代理又は媒介行為を行い、また、賃借したレンタルオフィスにおいて、法令に基づく認可を受けることなく銀行業務を行っている事例（平成23年7月、52頁）。
- 在日支店等が、銀行法第47条の2（従たる外国銀行支店の設置等）の規程に基づく認可を得ずに、当在日支店等以外の施設において、海外送金、外国為替業務を行っているほか、当在日支店等においても、海外本店が発行する富くじを販売している事例（平成22年7月・別冊3、5頁）。
- 在日支店等が、銀行法上、「銀行その他金融業を行う者」に該当しない本店が行っている有価証券の貸付を行う業務について、実質的に貸付の代理を行うなど、銀行法第12条に定める銀行の他行禁止義務に違反している事例（平成22年7月・別冊3、5頁）。

▶関連法令等
　・銀行法12条、47条～52条の2等
　・主要行監督指針Ⅵ－2

解　説

1　本邦銀行法の理解・認識等

　在日支店が我が国で活動するに当たっては、業務範囲や認可等の各種業規制に留意しなければならないが、かかる規制の理解・認識が不十分なために、リーガル・チェックも行わないままに、業法に違反した業務運営を行っているケースがある。

　在日支店においては、コンプライアンス・オフィサー等を中心に、本邦銀行法等に関する理解・認識を深め、適切なリーガル・チェックを経るように態勢を整備することが必要である。

2　本事例の問題点

　本事例では、在日支店等が、新たな業務としてコール・マネーによる資金調達を開始するに当たり、金融庁長官の事前承認が必要であるにもかかわら

ず、銀行業の免許書に付された「資金市場取引（コール・ローン／コール・マネー）は行わない」との条件の内容を認識していなかったことから、かかる事前承認を得ていない。

　新規業務を開始する際には、リーガル・チェックを怠らないように態勢を構築することが必要である。

> **実務対応**
>
> 　在日支店としては、リーガル・チェック態勢として、次のような点に取り組むことが必要であろう。
> ・法務部門の強化（インハウスローヤー（企業内弁護士）の採用等）
> ・金融関連法令に係るチェック態勢の再構築（法務コンプライアンス部門の専門性の高度化）
> ・新規業務に係るチェック態勢の構築

■ 在日代表者が複数の拠点を統括管理していない事例

> ＜平成22年7月・別冊3、3頁＞
> ・出張所の管理について、在日代表者は、海外本部が定めた規定に基づき、複数の出張所を統括管理することとなっているものの、同出張所から在日支店等への具体的な報告ルールを定めていない。
> 　このため、在日代表者は、同出張所の自店検査結果を受領していないなど、同出張所に対する実態把握が不十分となっている。

▶関連法令等
　・主要行監督指針Ⅵ－2

解　説

1　在日代表者による統括管理

　主要行監督指針Ⅵ－2⑴④は、「我が国において複数の支店を設置している場合、我が国における代表者は我が国における支店全体の戦略方針や収益目標等の計画を把握した上で、これと整合的な内部管理態勢を整備しているかを検証する観点から、各支店から必要な報告を受ける等、統括的に管理しているか。」と規定しており、在日代表者は、複数の拠点を統括管理する必要がある。

　かかる統括管理を行うためには、在日代表者が各拠点の業務運営状況等をモニタリングする、また、各拠点から在日代表者に対して、適時に各種報告等を行わせる態勢を整備することが必要である。

2　本事例の問題点

　本事例では、在日代表者は、複数の出張所を統括管理することとなっているにもかかわらず、同出張所から在日支店等への具体的な報告ルールを定めていないことから、同出張所の自店検査結果を受領していないなど、同出張所に対する実態把握が不十分となっている。

　在日代表者としては、各出張所（拠点）の業務運営状況等のモニタリングをいかなる手段・頻度等で行うのかを明確化して、各出張所（拠点）にも周知するほか、各出張所（拠点）から在日代表者に業務運営状況等の報告がなされるよう、報告事項・手段等を明確化することが必要である。

実務対応

　本邦における管理態勢として、実効性ある報告態勢の構築と、PDCAサイクルの展開が必要であろう。

　　具体的には、

・報告ルールの策定

・具体的な報告ルールに係る指示

・現場への周知、特に出張所を管理する責任者への具体的な指示

等を行い、これらを随時見直していくことが必要である。

■ 業務改善命令への対応が不十分な事例

＜平成22年7月・別冊3、3頁＞
・在日代表者は、各業務に係る法令等遵守や内部管理態勢の充実・強化のための検証を十分に行っておらず、経営委員会やコンプライアンス部への適切な指示を行っていない。
　このため、当庁からの業務改善命令に対する業務改善状況の報告において実施することとしていた内部監査部門等への改善策の実施報告や、苦情処理体制などについて整備を図っていない。

▶関連法令等
　・主要行監督指針Ⅵ－2

解　　説

1　業務改善命令等への対応

当局から業務改善命令等を受けた場合には、同じ問題事象を繰り返さないように改善策を講じることが必要不可欠である。

改善策の策定・実行等については、次のようなプロセスを経る必要がある。

　①　問題事象の事実関係の徹底した調査
　②　事実関係の調査内容に基づく原因分析
　③　原因分析に基づく改善策の策定
　④　改善策の実行
　⑤　改善策の進捗状況に関するモニタリング
　⑥　（改善策の進捗が不十分である場合の）改善策の見直し

業務改善のプロセスとしては、いわゆる「PDCA サイクル」（計画の策定(Plan)、計画の実施（Do）、計画の実施状況の評価（Check）、改善活動（Act）をそれぞれ適切に行っているかを検証する業務改善のプロセス）の考え方が有益であるが、改善の取組においても、まさに、この「PDCA サイクル」を実践すること（P＝上記③、D＝上記④、C＝上記⑤、A＝上記⑥）が重要である。

　上記①から⑥はいずれも重要なプロセスであるが、まずは、徹底した事実関係の調査とこれに基づく原因分析を行う必要がある（上記①、②）。事実関係の調査と原因分析が不十分で、問題事象の本質的な原因の特定がなされなければ、改善につなげることはできない。事案によっては、弁護士等の専門家を含めた調査委員会を設置して、原因究明を行うことも考えられる。

　また、改善策を実行する場合、その担当部署には本来業務のほかに相応の負担が生じることから、その進捗状況をモニタリングする第三者の目が届かない状態では、実行が滞るおそれがある。そのため、上記⑤のモニタリングも重要であり、改善策を策定しただけで満足することがないように、留意する必要がある。

　これらのプロセスを怠り、再度同様の問題事象が発生した場合には、自浄作用が機能していないとして、厳しい評価は免れないであろう。

2　本事例の問題点

　本事例では、在日代表者は、各業務に係る法令等遵守や内部管理態勢の充実・強化のための検証を十分に行っておらず、経営委員会やコンプライアンス部への適切な指示を行っていないことから、当局からの業務改善命令に対する業務改善状況の報告において実施することとしていた内部監査部門等への改善策の実施報告や、苦情処理体制などについての整備が図られていない。これでは、自律的な態勢整備は望めないとして、厳しい評価となろう。

　行政処分や当局からの指摘事項等への対応は、態勢整備における優先事項であるといえ、上記①から⑥のプロセスを経て、改善に至るように積極的に取り組む必要がある。

> **実務対応**
>
> 　本事例は、行政処分の一つである業務改善命令の重要性について理解されていないことが発端となっているとも考えられる。
> 　在日代表者をはじめ、すべての職員がその意味を理解する必要がある。場合によっては本邦において業務停止といった事態にも発展しかねないものである。
> ・報告に係るすべての事項について「PDCAサイクル」を展開する施策の計画と実施
> ・経営委員会の積極的関与、場合によっては第三者の弁護士等の参画の検討
> ・内部管理に係る態勢整備、特に内部監査部門について態勢の強化
> 等の対応を積み重ねていくことで、適切な態勢構築を行う必要がある。

■ マネー・ローンダリング防止態勢に不備が認められる事例

> ＜平成22年7月・別冊3、9頁＞
> ・コンプライアンス・オフィサーは、警察から捜査関係事項照会を受けた際に、在日支店等との取引がなかった者について、疑わしい取引を検証するためのリストに登載していない。このため、同リストに登載しなかった者の送金取引が、疑わしい取引の届出漏れとなっている。
> 　また、コンプライアンス・オフィサーは、現金送金以外の預金や融資等の取引を疑わしい取引の届出に係る検証の対象としていない。このため、リストに登載された預金口座に多額の預金があった直後に、当該口座から多額の送金をしている取引について、預金を同届出の検証の対象外としていることから、疑わしい取引の届出に

係る検証を行っていない。

▶参考事例
● コンプライアンス・オフィサーは、在日支店等で請け負っている地方銀行等の外国送金オペレーション業務に関し、同業務は地方銀行等の事務代行であり、同業務に係る疑わしい取引のモニタリングは、第一次的な届出義務を有する地方銀行等が実施しているとの誤った認識から、送金目的や送金頻度、同一筆跡などに着眼した疑わしい取引に係る検証を行っていないことから、同一筆跡による同日付の多額の送金が行われているなど、疑わしい取引に該当する可能性がある送金が多数認められる事例（平成22年7月・別冊3、9頁）。

▶関連法令等
・犯罪による収益の移転防止に関する法律
・法令等遵守態勢チェックリストⅢ．2
・主要行監督指針Ⅲ－3－1－3－1－2、Ⅲ－3－4－2－2(5)等

解　説

1　疑わしい取引の届出

　在日支店においては、外国送金を主な業務としているところも多く、マネー・ローンダリングに利用されないための対策を講じることは重要課題であるといえる。

　まずは、内部規程において、いかなる取引をもって、「疑わしい取引」として届け出るのかを定める必要がある。

　この際には、金融庁が公表している「疑わしい取引の参考事例」[1]をベースにすることが有用である。

　また、主要行監督指針Ⅲ－3－1－3－1－2(2)②は、「疑わしい取引の

1　http://www.fsa.go.jp/str/jirei/index.html

届出」のための態勢整備に当たっては、「国籍（例：FATFが公表するマネー・ローンダリング対策に非協力的な国・地域）、公的地位、顧客が行っている事業等の顧客属性や、外為取引と国内取引との別、顧客属性に照らした取引金額・回数等の取引態様が十分考慮されているか」と規定しており、「疑わしい取引」の該当性を判断する際には、これらの要素も考慮する必要がある。

2　本事例の問題点

本事例では、コンプライアンス・オフィサーは、警察から捜査関係事項照会を受けた際に、在日支店等との取引がなかった者について、疑わしい取引を検証するためのリストに登載していないことから、同リストに登載しなかった者の送金取引が、疑わしい取引の届出対象から漏れている。

捜査関係事項照会があった者については、犯罪に関与している可能性がある。照会時点では取引がない場合でも、後に送金取引等を行うことは想定されるから、データ化しておくことは必要であると考えられる。

また、本事例では、コンプライアンス・オフィサーは、預金を疑わしい取引の届出の検証の対象外としていることから、預金口座に多額の預金があった直後に、当該口座から多額の送金をしている取引について、疑わしい取引の届出に係る検証を行っていない。

疑わしい取引の対象取引は、現金送金だけではなく、預金や融資等も含まれるので、留意が必要である。

実務対応

本事例からは、チェック態勢に不備があったことが読み取れる。したがって、自金融機関のみならず、業務委託を受けている他の金融機関からの送金等についても、チェック管理の水準等を見直す必要がある。

また、今後、外国送金については反社会的勢力への対応といった点からも注視する必要がある。

第7章

保険会社

I 経営管理態勢

■ 経営方針の趣旨に沿わない施策が担当役員以下により実行されている事例

＜平成22年7月、99頁＞

・経営会議は、保険金不払問題を受け、損害調査業務部門の全店表彰制度を見直し、第三者から見て不払いを助長するものと誤解される恐れがあるとの理由から、保険金支払単価等の項目を評価項目から削除している。

　このような経営方針が示されているにもかかわらず、損害調査業務部門だけは、全店表彰制度項目から削除された保険金支払単価等の項目を評価項目として取り入れた、部門独自の表彰制度を策定し、損害調査業務部門担当役員に了承を求めている。

　また、同役員も、全店表彰制度の見直しの経緯を把握していながら、部門独自の表彰制度は、表彰金額が小さいことを理由に、全店表彰制度と同等のものではなく、部門決裁で決定・運営できるとの誤った認識から、当社方針に反した部門独自の表彰制度の実施を了承している。

　このため、経営会議の意向に反した施策が、担当役員以下により実行されるに至っている。

▶参考事例

● 事業計画の検討が短期間となったことなどから、経営企画部門は、将来の自動車保険料率アップによる保険料収入の増収を見込んでいる一方、料率アップの反動による契約台数の減少見込率については、過去の実績等を踏

まえて適切に織り込んでいないなど、十分な検討を行うことなく計画を策定している（平成24年8月、154頁）。
● 取締役会は、「健全な収益構造」を目標として、施策の優先序列化、代理店手数料の実態把握の徹底などにより事業費を抑制し、費差損の圧縮を図るとしている。しかしながら、事業費全体のモニタリング手法や収支計画に定める事業費予算を超過した場合の承認手続を定めていないほか、事業費が計画値を超過する場合の報告態勢を構築しておらず、収支管理部門に対して事業費が収支計画へ与える影響について報告させていない（平成23年7月、113頁）。

▶関連法令等
・保険検査マニュアル経営管理（ガバナンス）態勢の確認検査用チェックリストⅠ.1②、Ⅰ.2①(ⅱ)、Ⅰ.4（以下「保険経営管理態勢チェックリスト」という。）
・保険監督指針Ⅱ－1－2(2)②

解　説

1　経営計画の整備・周知とモニタリング

　取締役会は、当該金融機関が目ざす目標の達成に向けた経営方針を定め、それに沿って経営計画を整備し、組織内に周知する必要がある（保険経営管理態勢チェックリストⅠ.1②）。

　また、代表取締役は、かかる経営方針や、経営計画、内部管理基本方針、戦略目標及び統合的リスク管理方針に沿って適切な人的・物的資源配分を行い、かつそれらの状況を機動的に管理する態勢を整備するため、適切に権限を行使することが求められる（保険経営管理態勢チェックリストⅠ.2①(ⅱ)）。

　さらに、取締役会は、かかる経営方針や経営計画等について、定期的に又は必要に応じて随時、業務運営の状況及び保険会社が直面するリスクの状況の報告を受け、必要に応じて調査等を実施させた上で、その有効性・妥当性及びこれらに則った保険会社全体の態勢の実効性を検証し、適時に見直しを

行わなければならない（保険経営管理態勢チェックリストⅠ．４）。

　保険会社の経営管理態勢に関する指摘事例についても、預金取扱金融機関における指摘事例と同様、経営計画の進捗状況の管理や、実績が経営計画に到達していない場合の原因分析が不十分であることを指摘するものが多くみられる。

　具体的な取組手法は様々なあり方が考えられるが、経営方針、経営計画を策定するに際しては、そのモニタリングの主体や頻度、方法について併せて決定しておくべきである。また、次年度の経営計画を策定する際は、まずその第一歩として、前年度の経営計画の達成状況の把握とその原因分析を行う必要がある。かかる分析を行わず漫然と前年度と同様の経営計画を策定しているような場合、厳しい評価を受けるおそれがある。

2　本事例の問題点

　本事例は、保険金不払い問題を受け、経営会議が全店表彰制度の対象となる評価項目から保険金支払単価等の項目を削除したにもかかわらず、損害調査業務部門においてはこれに沿った表彰制度が実施されていなかったというものである。

　経営方針や経営計画を定めた場合、それを組織内に周知徹底することが必要となることはもちろんであるが、各業務部門における方針や計画も、この趣旨に沿ったものとすることが期待される。

　特に、本件では、担当役員も了承のもと経営方針の趣旨に沿わない表彰制度が実施されていたものであり、この点が指摘につながったものと考えられる。

> **実務対応**
>
> 　本事例を踏まえ、保険会社としては、次のような点に取り組む必要がある。
> ・経営方針や経営計画と各種施策の整合についての検証（監査部門等による）

・表彰等のインセンティブ等のチェック機能（コンプライアンス統部門等による）
・経営方針や経営計画の末端までの周知・研修

II 内部監査

■ 代理店監査が不十分となっている事例

＜平成23年7月、115頁＞
・監査部門は、「内部監査実施要領」等を策定し、年1回の頻度で実施する支社監査に併せて、代理店に対する監査を実施している。
　しかしながら、同部門は、代理店監査において、代理店が監査を受諾しない場合には監査を断念しているほか、遠隔地に所在する代理店については監査対象外としており、リスク評価に応じた監査を実施していない。
　こうした中、代理店において不告知教唆、不承諾契約等の不祥事件等が複数発生している。

▶参考事例
- 内部監査部門は、代理店監査について、代理店における苦情、事故及び解約の発生状況等の情報収集や分析等を行うことにより、監査の実効性を確保することとしている。しかしながら、同部門は、代理店の特性（販売商品、営業方針、マーケット等）を踏まえたリスクの洗出しを十分に行っておらず、リスクベースでの監査を実施していない。また、代理店監査は、保険募集人に対するヒアリングなどの形式的なものにとどまり、個別契約について検証を行っていないなど、実効性が不足していることから、今回検査で認められた高齢者に対する不適切な募集行為等を把握できていない（平成24年8月、159頁）。
- 代理店監査要領において、代理店の状況に応じた監査項目を設定していないことから、不祥事件を発生させた代理店に対する監査であっても、当該

不祥事件の再発防止策等の検証を行っていない事例（平成22年7月、100頁）。

▶関連法令等
・保険経営管理態勢チェックリストⅡ．1(2)④(ⅲ)、Ⅱ．2③(ⅰ)
・保険監督指針Ⅱ－1－2(5)

解　説
1　内部監査実施上の課題

　保険検査マニュアルの経営管理態勢チェックリストにおいては、取締役会が、内部監査部門に、必要な知識、経験及び当該業務等を十分検証できるだけの専門性を有する人員を適切な規模で配置し、業務の遂行に必要な権限を与えているか、がチェック項目とされている（Ⅱ．1④(ⅲ)）。

　また、内部監査部門については、内部監査実施要領及び内部監査計画に基づき、各被監査部門に対し、頻度及び深度等に配慮した効率的かつ実効性ある内部監査を実施しているか、がチェック項目とされている（Ⅱ．2③(ⅰ)）。

　保険会社の内部監査においてもそのPDCAサイクルにおいて発現する問題点は、銀行の内部監査と共通点が多い（銀行の内部監査における問題点については、第1章Ⅱを参照）。

　他方、内部監査に関する保険会社特有の問題点として、代理店監査のあり方が挙げられる。

　特に、平成22検査事務年度からは、経営の大規模化や取扱保険商品の広範化が認められる保険代理店が増加していることを踏まえ、保険代理店に対する金融検査が実施されており[1]、保険会社に対する金融検査においても、保険代理店管理や代理店業務に対する監査のあり方は重点的に検証されることが考えられる。

　純粋な意味での「内部」監査とは異なる代理店監査において、どのような

1　「平成22検査事務年度検査基本方針（平成22年8月27日）」Ⅲ．2(7)、Ⅳ．4(1)④

事項につき、どのような手法で監査を行うかについては、リスクベース・アプローチの観点から、監査対象事項や手法を選択することが許される。

ただし、保険会社における不祥事件の多くが代理店において発生している現状に鑑みれば、代理店に対する監査手法が全てヒアリングのみにとどまる状況は適切とはいえず、規模や取扱業務に鑑みて高リスクと認められる代理店については、立入検査の手法を採用する必要があろう。

代理店監査に関する金融検査事例としては、代理店における不適正募集防止態勢に関する監査が不十分な点を指摘するもの、過去に不祥事を発生させた代理店への監査が不十分な点を指摘するもの等がみられる。

また、近時の顧客情報漏えい事案においては、外部委託先からの大規模漏えい事案が多くみられるが、代理店においては保険会社の顧客情報を数多く取り扱うことから、顧客情報の取扱状況も監査の重要事項と考えられる。

2　本事例の問題点・実務対応

本事例においては、代理店監査に関し、監査部門が代理店が監査を受諾しない場合に監査を断念し、また、遠隔地に所在する代理店を監査対象外とするなどとしており、そのような中、代理店において募集に関する不祥事件が発生している。

上記のとおり、内部監査においてはリスクベース・アプローチに基づいた優先順位付けが許容されるが、本事例の如き理由は、リスクベース・アプローチの考え方に沿うものでなく、許容されないことは当然である。

また、代理店に対する監査権限は代理店契約において定められ、「代理店が監査を受諾しない」状況があれば、速やかな契約解除を検討するべきであろう。

大規模化により保険会社に対する強い交渉力を持つ代理店が登場してきているが、代理店の保険会社に対する営業上の交渉力の強弱は、内部監査における優先順位付けの理由とはならない点に留意が必要である。

III 不祥事件等への対応

■ 不祥事件届出漏れが認められる事例

＜平成24年8月、161頁＞
【業態等】
　　損害保険会社
【検査結果】
　コンプライアンス統括部門は、「不祥事件に関する規定」等を策定し、不祥事件等の発見者に、同部門への報告を直ちに行わせることとしている。また、同部門は、「不祥事件届出基準」を策定し、発生した不祥事件等が、当局に届出を要する不祥事件に該当するかどうかを、当該基準に基づき判断することとしている。
　しかしながら、<u>当該基準は、事故者の意図の有無を、不祥事件に該当するかどうかの判断基準の一部としているなど、適切な内容となっていない</u>。
　このため、事故者に意図がなかったことなどをもって、当局に対する不祥事件の届出が不要であるとした事例が認められる。

▶参考事例
●当社は募集業務を親会社代理店に委託している。しかしながら、親会社代理店との委託契約では、親会社代理店において不祥事件等が発覚した場合に、親会社が調査を終了し、不祥事件であるか否かの判断を行うまで、当社コンプライアンス統括部門へ報告を行わないこととなっている。
　このため、親会社は、調査が終了するまで、コンプライアンス統括部門に対し、不祥事件等の発生報告を行っておらず、同部門は、親会社の調査

が終了するまで、不祥事件の発生を認識していない。

　また、今回検査において、コンプライアンス統括部門による親会社の調査結果の検証が不十分なことから、不祥事件の届出漏れが認められている（平成22年7月、101頁）。
● コンプライアンス統括部門が、不祥事件の該当性がどの程度認められた場合に報告すべきか具体的な目線を示していない。また、同部門は、苦情のモニタリングを行っているものの、苦情事案の中に不祥事件疑義事案が認められないか十分な検証を行っていない。このため、苦情の中に不祥事件疑義事案の報告漏れが認められる（平成22年7月、101～102頁）。

▶関連法令等
　・保険業法127条1項8号、保険業法施行規則85条1項17号、同条5項、6項
　・保険検査マニュアル法令等遵守態勢の確認検査用チェックリストⅡ．1(2)⑤、Ⅱ．2④、Ⅲ．1①（以下「保険法令等遵守態勢チェックリスト」という。）
　・保険監督指針Ⅱ－3－2

解　説

1　不祥事件等への対応

　保険業法においては、保険会社（その子会社も含む。以下同じ。）、又は保険会社の役員若しくは使用人、保険会社の生命保険募集人若しくは損害保険募集人又はその役員若しくは使用人が行った不祥事件について、不祥事件の発生を知った日から30日以内に、内閣総理大臣（金融庁長官）に届出なければならない旨を定めている（保険業法127条1項8号、施行規則85条1項17号、5項、6項）。

　ここで、不祥事件とは、上記の者が行った
　① 　保険会社の業務を遂行するに際しての詐欺、横領、背任、その他の犯罪行為

② 出資法違反
③ 法300条1項若しくは法300条の2において準用する金商法38条3号から6号若しくは39条1項に違反する行為又は法307条1項3号に該当する行為
④ 現金、手形、小切手又は有価証券その他有価物の1件当たり100万円以上の紛失（盗難に遭うこと及び過不足を生じさせることを含む。）
⑤ 海外で発生した前各号に掲げる行為又はこれに準ずるもので、発生地の監督当局に報告したもの
⑥ その他保険会社の業務の健全かつ適切な運営に支障をきたす行為又はそのおそれのある行為であって①から⑤に準ずるもの

をいう。

また、保険監督指針においては、不祥事件と業務の適切性の関係の検証の着眼点として、

① 当該事件への役員の関与はないか、組織的な関与はないか。また、経営者の責任の明確化が図られているか。
② 事実関係の真相究明、同様の問題が他の部門で生じていないかのチェック及び監督者を含めた責任の追及が厳正に行われているか。
③ 事実関係を踏まえた原因分析により、実効性のある再発防止への取組みが適時適切に行われているか。
④ 当該事件の内容が保険会社の経営に与える影響はどうか。
⑤ 内部牽制機能が適切に発揮されているか。
⑥ 当該事件の発覚後の対応が適切か。開示について、金融商品取引所が定める適時開示基準に該当する場合を目安とした開示基準が規定されているか。

といった観点が定められている（保険監督指針Ⅱ－3－2(3)）。

2　保険会社検査と不祥事件届出

保険会社に対する検査事例において、しばしば、不祥事件届出漏れや不祥事件届出に関する態勢不備の指摘がみられる。

かかる届出漏れや届出態勢不備の原因には、保険会社内部で不祥事件の定義が明確に周知されていないケース、不祥事件発生時の報告や情報集約の仕組みが適切に整備されていないケース、苦情等の不祥事件が潜在する可能性のある事案に対して不祥事件該当性の観点から検証が行われていないケース等がある。

また、上記のとおり、保険業法においては、保険会社やその子会社のみならず、代理店において発生した不祥事件についても、保険会社に届出義務が発生する。検査指摘事例には、代理店において発生した不祥事件の届出漏れや届出遅滞を指摘する事例がみられる。

保険会社内部の問題に比して、独立した存在である代理店に対して、保険会社が不祥事件の定義や報告ルールの徹底を図ることはより困難を伴うため、特に留意が必要である。

3　本事例の問題点

本事例は、不祥事件該当性の判断基準に事故者の意図の有無を加えるなど、法令上の「不祥事件」の意義を十分に理解しない運用がなされている点を指摘するものである。

指摘の表現は、明確に法令違反を指摘するものとなっていないものの、かかる事例は保険業法違反と評価されるおそれが高いことに留意を要する。

なお、参考事例一つ目に挙げた事例は、親会社代理店において不祥事件等が発覚した場合に、保険会社のコンプライアンス統括部門に速やかに報告が行われるルールが策定されておらず、代理店における調査終了まで、保険会社が不祥事件の発生を迅速に認識できていない点等を指摘するものである。

上記のとおり、保険業法は保険会社が所定の不祥事件発生を「知った日」から30日以内に届け出ることを要請するものであるが、その趣旨は、保険会社、その子会社及び代理店において発生した不祥事件を監督当局が迅速に認識し、必要な対応をとるところにある。

とすれば、代理店において発生したものも含めて、保険会社が不祥事件について迅速に「知る」ことが要請されており、かかる態勢に不備があれば指

摘を受けることはやむを得ないところであろう。

IV 保険募集の適切性

■ 保険募集の委託・管理

> ＜平成22年7月、103頁＞
> ・当社の代理店が、法令違反である不告知教唆等の不祥事件や苦情を多数かつ継続的に発生させているにもかかわらず、当社の募集管理統括部門は、当該代理店の募集実態に関する情報収集や改善策の策定に向けた問題点の洗出しを行っておらず、代理店の募集実態を踏まえた改善策を速やかに策定する態勢となっていない。
> 　また、同部門は、当該代理店の問題について、顧客の利益に重大な影響を与える問題であるにもかかわらず、法令違反等の具体的な実態を経営陣に報告していない。

▶参考事例
- 保険募集管理部門は、保険募集人が商品内容を十分に理解して募集しているか、あるいは、保険募集人が設計書を顧客に確実に交付しているかといった点が懸念されるような問合せ[2]を代理店から受けているにもかかわらず、こうした状況を集約・分析し、保険募集人の理解度に応じた教育・指導を実施するなどの改善に取り組んでいない。このため、「設計書」の未交付や重要事項の説明不足等に起因する不適正な募集行為が等が認められる（平成24年8月、168頁～169頁）。
- 営業推進部門が、電話勧誘の際に使用するトークスクリプトについて「当社が作成又は承認したもの」に限定しているがその使用実態を検証してい

---

2 「全く商品性がわからない」、「設計書は必ず必要か」等。

ないため、代理店において、当社が承認していない不適切な話法を記載したトークスクリプトを使用し、顧客に対して乗換契約に関する不適切な説明を行っている事例等が引き続き発生している（平成23年7月、119頁）。

▶関連法令等
・保険業法300条1項、保険業法施行規則234条
・保険検査マニュアル保険募集管理態勢の確認検査用チェックリストⅡ．2①②③、Ⅲ．1⑧（以下「保険募集管理態勢チェックリスト」という。）
・保険監督指針Ⅱ－3－3

解　説

1　保険募集の委託・管理

　保険検査マニュアルにおける保険募集管理とは、「保険募集に関する法令等の遵守を確保し適正な保険募集を実現するため必要となる管理」をいう（保険募集管理態勢チェックリスト【検証ポイント】一つ目の「・」）。

　保険検査マニュアルにおいては、顧客保護等管理態勢とは別途、独自のカテゴリーが設けられているが[3]、これは、保険会社における保険募集管理態勢の整備・確立は、顧客保護の観点から重要であるのみならず、保険会社の業務の健全かつ適切な運営及び保険募集の公正の観点から極めて重要である、との視点を示している（保険募集管理態勢チェックリスト【検証ポイント】二つ目の「・」）。

　保険募集に関する金融検査事例においては、保険募集をする者の登録・届出が不適切な点を指摘する事例、保険募集の禁止行為に関する指摘事例、保険募集に関する顧客説明が不十分である点を指摘する事例、保険募集に利用される広告や注意喚起書面等の記載が不適切であることを指摘する事例等が

---

[3]　一方で、顧客保護等管理態勢のチェックリストにおいては、金融検査マニュアルにおいては顧客保護等管理態勢の1項目とされている顧客説明管理態勢はチェック項目とされていない。すなわち、保険検査マニュアルは、保険募集に関する顧客説明は、保険募集管理態勢において検証することを前提としているものと考えられる。

みられる。

　本項では、特に重要な指摘として、保険募集の委託・管理に関する指摘事例を挙げた。保険募集人の属性は、保険会社の営業職員のみならず、専属代理店、乗合代理店、兼業代理店等と多岐にわたり、一律の管理態勢では不十分であることを認識した態勢の整備・確立が必要となる。

　平成22検査事務年度からは保険代理店に対する金融検査が開始し、平成23検査事務年度以降も継続することが予測されるが[4]、保険会社自身に対する保険代理店管理態勢の検査も重要性を増すものと考える。

2　本事例の問題点

　本事例は、不告知教唆（保険業法300条1項3号）等の不祥事件や苦情が頻発している代理店について、募集管理統括部門が、募集実態の把握、改善策の策定を適切に行っていない点、また、法令違反等の実態について経営陣に報告がなされていない点を指摘するものである。

　代理店管理において、全ての代理店にフルメニューの指導・監督を行うことは実際的ではなく、法令違反や苦情等の頻度、重大性に鑑みたリスクベース・アプローチで対応することとなる。

　重要なリスクを抱える代理店については重点的に実態把握や問題点の改善が行われるべきであり、かかる選別は、当該代理店の規模、取扱業務、管理態勢の整備状況やこれまで当該代理店で発生した法令違反や苦情等から合理的になされなければならない。

　また、法令等違反を伴う不祥事件は、例え代理店における事象であっても、保険会社自身のレピュテーションや経営に大きな影響を及ぼすおそれがある。不祥事件については、経営陣マターとして報告、対応がなされる必要があろう。

---

[4]　平成22検査事務年度検査基本方針（平成22年8月27日）、平成23検査事務年度検査基本方針（平成23年8月26日）、平成24検査事務年度検査基本方針（平成24年8月28日）参照。

Ⅴ 苦情対応

■ 苦情対応

＜平成23年7月、125頁＞
・顧客サポート部門は、解約処理の遅延にかかる苦情が多数発生したことから、その改善策として、解約申出があった場合に24時間以内に初動対応を行うこととしている。
　しかしながら、同部門は、同改善策の実効性等を十分に検証していないほか、解約処理遅延にかかる苦情のうち、未処理となっている案件について、支社等での顧客対応の状況を把握していない。
　このため、依然として支社等において、解約処理が半年以上も未処理となっている案件が多数認められる。

▶参考事例
● 顧客サポート等管理部門は、苦情の内容を検証し、「苦情処理マニュアル」に掲げる苦情報告レベルに基づき、複数の区分[5]に分類するとともに、項目別・発生原因者別に分析することとしている。しかしながら、同部門による分析は、個々の苦情を項目別、苦情発生者別に分類するにとどまっており、同部門は、苦情の発生傾向や苦情の根本原因の究明など、苦情を業務改善につなげるための分析を十分に行っていない（平成24年8月、179頁～180頁）。
● 苦情統括部門は、規程において、営業部門が苦情を受け付けた際に、その

5　A：法令・社内規程違反等疑義事案、B：事務疎漏事案、C：苦情受付部門で対応可能な事案、D：苦情受付部門の初期対応で収束した事案。

場で解決した場合であっても苦情統括部門に対し、苦情発生報告を行うことを定めている。しかしながら、苦情統括部門は、営業部門に対して、苦情発生報告基準の周知や指導を徹底していない。このため、営業部門が、その場で解決したと判断した苦情を苦情統括部門へ報告していない事例が多数認められる（平成22年7月、107頁）。

▶関連法令等
- 保険業法105条の2及び同3、308条の2から同24まで
- 保険検査マニュアル顧客保護等管理態勢の確認検査用チェックリストⅡ．3、Ⅲ．4等（以下「保険顧客保護等管理態勢チェックリスト」という。）
- 保険監督指針Ⅱ－3－4

| 解　　説

1　苦情等への対処

　保険検査マニュアルにおいても、金融検査マニュアルと同様、顧客保護等管理態勢の確認検査用チェックリストの1項目として、「顧客サポート等管理態勢」に関するチェック項目が設けられており、①顧客に対する説明責任を事後的に補完する（顧客の理解と納得を得る）、②顧客からの相談・苦情等を体制改善のための材料として活用する（PDCAサイクルの"C（Check）""A（Act）"への活用）の意味で重要性を有している（保険顧客保護等管理態勢チェックリストⅡ．3、Ⅲ．4）。

　また、保険監督指針においても、「苦情、紛争等に（苦情等）に迅速かつ適切に対応し、顧客の理解を得ようとすることは、顧客に対する説明責任を事後的に補完する意味合いを持つ重要な活動の一つ」（Ⅱ－3－4－1(1)）、「苦情等への対処について、単に処理の手続の問題と捉えるにとどまらず事後的な説明態勢の問題として位置付け、苦情等の内容に応じ顧客から事情を十分にヒアリングしつつ、可能な限り顧客の理解と納得を得て解決することを目指しているか」（Ⅱ－3－4－2－2(4)①）といった、預金取扱金融機関と同様の監督上の着眼点が設けられている。

苦情等への対処に関する保険監督指針特有の着眼点としては、「特に、保険金等の不払いに関する苦情等については、当該不払いを決定した支払担当部門のみで対処するのではなく、最終的にはコンプライアンス担当部門などの他の部門で適切に対処されたかどうかを検証する態勢となっているか。」との項目（Ⅱ－3－4－2－2(3)③）が設けられているほか、外部委託先の業務に関する苦情等への対応につき、代理店も含めた態勢の整備が求められている点（Ⅱ－3－4－2－2(3)⑦）が挙げられる。

　保険会社における苦情等への対処に関する指摘として、苦情対応が長期未済となっている案件に関する指摘事例、苦情等の報告、集約が適切に行われていないことを指摘する事例、苦情の発生原因分析と改善策の策定が適切に行われない結果、同種事案が頻発している点を指摘する事例等が見受けられる。

　また、平成22年10月より金融ADR制度が開始され、保険検査マニュアルにおいても、同制度への対応に関するチェック項目（Ⅱ－3(2)①）が設けられ、保険監督指針でも同旨の着眼点（Ⅱ－3－4－3－1）が設けられている。

　同制度開始後一定期間が経過していることから、手続実施基本契約の締結や指定ADR機関の名称及び連絡先の公表、金融ADR制度への対応内容を記載することが法令で義務付けられている書面への記載等については、各保険会社にて対応が行われているものと考えられるが、今後の金融検査においては、「指定ADR機関からの手続応諾・資料提出等の求めがあった場合、正当な理由がない限り、速やかにこれに応じる態勢を整備しているか。」「指定ADR機関からの手続応諾・資料提出等の求めに対し拒絶する場合、苦情・紛争の原因となった部署のみが安易に判断し拒絶するのではなく、組織として適切に検討を実施する態勢を整備しているか。また、可能な限り、その判断の理由（正当な理由）について説明する態勢を整備しているか。」（保険監督指針Ⅱ－3－4－3－1－2(2)①）といった事項や「紛争解決委員から和解案の受諾勧告又は特別調停案の提示がされた場合、速やかに受諾の可否を判断する態勢を整備しているか。」（保険監督指針Ⅱ－3－4－3－1－2(2)

②）といった事項が検証の主眼となろう。

2　本件の問題点・実務上の対応

本件は、苦情対応の進捗管理が不十分であることから、長期未済案件が発生している点を指摘するものである。

保険監督指針は、「苦情等の解決に向けた進捗管理を適切に行い、長期未済案件の発生を防止するとともに、未済案件の速やかな解消を行う態勢を整備しているか。」（Ⅱ－3－4－3－1－2(3)④）との監督上の着眼点を示しており、長期未済案件の有無やその原因は、金融検査においても検証ポイントの一つとなろう。

苦情対応については、顧客保護の側面からも迅速な対応が必要であるが、苦情対応が不合理に遅延することでより深刻な紛争を招く契機ともなり得ることから、保険会社における法務リスクの管理の側面からも重要性を持つ。

苦情の進捗管理については、支店や代理店任せにするのではなく、何らかの形で本部も関与した進捗管理が必要となろう。

実務必携　金融検査事例集の解説

平成24年11月21日　第1刷発行

著　者　宇佐美　　豊
　　　　川　西　拓　人
　　　　吉　田　桂　公
発行者　倉　田　　勲
印刷所　大日本印刷株式会社

〒160-8520　東京都新宿区南元町19
発　行　所　一般社団法人 金融財政事情研究会
　　　編集部　TEL 03(3355)2251　FAX 03(3357)7416
販　売　株式会社きんざい
　　　販売受付　TEL 03(3358)2891　FAX 03(3358)0037
　　　URL http://www.kinzai.jp/

・本書の内容の一部あるいは全部を無断で複写・複製・転訳載すること、および磁気または光記録媒体、コンピュータネットワーク上等へ入力することは、法律で認められた場合を除き、著作者および出版社の権利の侵害となります。
・落丁・乱丁本はお取替えいたします。定価はカバーに表示してあります。

ISBN978-4-322-12144-5